た、いわゆるスタッフクラスにあたる人が経営課題を語ることが可能なのか、疑問視する方も多いでしょう。

ただ、ここで改めて想像していただきたいのは、経理担当者が担う日常業務のリアル事情です。

彼ら・彼女らは、仕入れ材料や顧客からの売上の合計値などのコアなデータの詳細について上層部よりも早期の段階で入手できるポジションにいます。

また、取引内容に妥当性があるのか、あるいはどの収益にかかる費用なのか、実情を関連部署からヒアリングすることも定型業務の中に含まれているのです。

つまり、ステレオタイプで表されるような無機質なデータ入力や代り映えのしない経費精算といった業務を行っているばかりではなく、ひょっとしたら、経営陣のポジションにいる人より自社の経営事情を実感できる環境の中で職務にあたっているケースが多々あるはずなのです。

筆者は約30年間に渡り、経理道を歩んでまいりました。現在は経理財務担当者向けのセミナーや執筆活動にも従事していますが、こうした活動の中でつくづく感じるのは、経理以外のセクションに属している方々の多くが“経理＝事務係”といった印象を持っていることなのです。

経理といった職種の本質を知らずして、明日からも同様な手法で顧問先と接するのだとしたら、前進が難しいケースがあるかもしれません。

まず、お勧めしたいのは、経理担当者の立ち位置を尊重しながら日々の実情をヒアリングし、彼ら・彼女らからの生の声を引き出して課題を掬い上げること。こうした活動を少しずつでも進めていけば、彼ら・彼女らのモチベーションアップにも繋がり、ひいては顧問先全体についてもあなたの指導・支援が効いた活き活きとした経営活動が持続するのではないでしょうか。

本書には、こうした経理担当者の環境や個の潜在能力にも触れながらの指導・支援策も詳述しています。

あなたの事務所・法人でも取り入れていただける事柄もあるはずです。それでは、本書を紐解いてみてください。

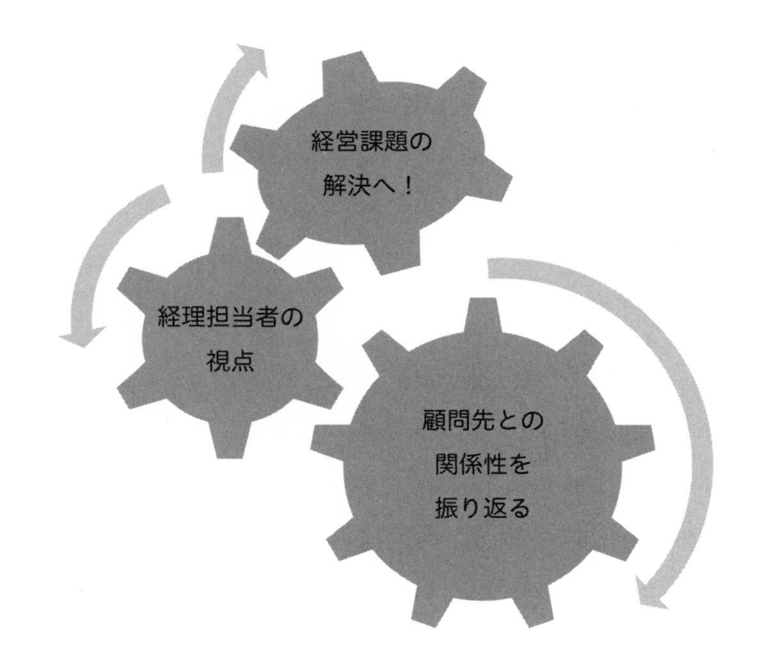

目次

第2章　本当に必要な経営支援 ―マクロの視点とミクロの視点―

第3章　顧問先の経営課題を正しく把握するための方法
—“ミクロの視点”から—

第1章

これからの時代、
顧問先に支持される税理士とは

1 顧問先に支持されるのは「真摯に向き合ってくれる先生」

(1) 体裁的な指導・支援はNG

長引き過ぎたコロナ禍において、税理士先生や事務所の職員の方々は定期的に顧問先へ訪問することが難しくなり、Eメールや電話、その他のオンラインシステムといった非対面の手段を取りながら指導・支援にあたっていたことでしょう。

そうなると、本書の“はじめに”でも触れたように、顧問先の社長さんや経理担当者さんの様子や表情が見えず、コミュニケーションが取りづらいと感じた場面が多々あったと思います。

また、コロナ禍は我々から対面でのコミュニケーションの場を奪ったにとどまらず、多くの企業の経営面に対しても打撃を与えました。いわゆる大幅な減収・減益、そして資金繰りのひっ迫…といった混沌とした状況が続き、顧問先の社員らのみならず、取引先や顧客といったステークホルダーにも、広い範囲で負の影響が及んだことでしょう。

こうした中、顧問先に対するスタンスについて、メスを入れる箇所の有無を探り、改善していくことは必須であるはずです。

例えば、これまではどちらかと言えば顧問先の経営陣に遠慮しながら体裁的な指導をしていた、あるいは月次の試算表を配信して一辺倒な解説をしていた、などなど、思いあたるところはなかったでしょうか？

ウィズコロナモードに突入しそうな、あるいは既に突入していると感じられる今日この頃。これまでの指導・支援の手法を見直し、刷新する機会にしましょう。

あなたの顧問先の中には、経営難が続き、心身ともに疲弊し切っているところがあるかもしれません。何とかしたいと思うが、術が見つからない…といった場面で求められるのは、真摯に向き合ってくれる税理士先生や職員の方の存在なのです。

（２）顧問先とは、対等な関係性であるはず。

顧問先に対し“真摯に向き合う”ということの意味は、単に同じ気持ちになる、共感するといったことばかりではありません。

税理士先生・職員の方は、顧問先からすれば対価を支払うことで経営・税務に関してのアドバイスを提供してくれる相手であり、一方、あなたからすれば“顧問先＝顧客”であることは言うまでもないでしょう。

すなわち、あなたは顧問先から対価を受けて、顧問先がさらに成長していくための道筋を示したり、あるいはシビアな判断をして前向きなM&Aを視野に入れてもらったりなど、具体的な指導・支援を提供し、顧問先がそれらを実践することを通じて双方の関係性が成り立っているはずなのです。

当たり前すぎる事柄ばかりを並べ立てましたが、ここまで読まれて、もしも「そう簡単にはいかない…」「言ってもわかってもらえない」とわずかでも感じるのであれば、相手方である顧問先側にも問題があるのでしょうが、あなたもどのような手法をとれば顧問先に伝わり実践してもらえるのか、“真摯に向き合う”ことについて真剣に考えることが必要なのかもしれません。

まずは、次項で触れる顧問先との関係性についての記述を読み進めながら、あなたなりの道筋を模索してみてください。

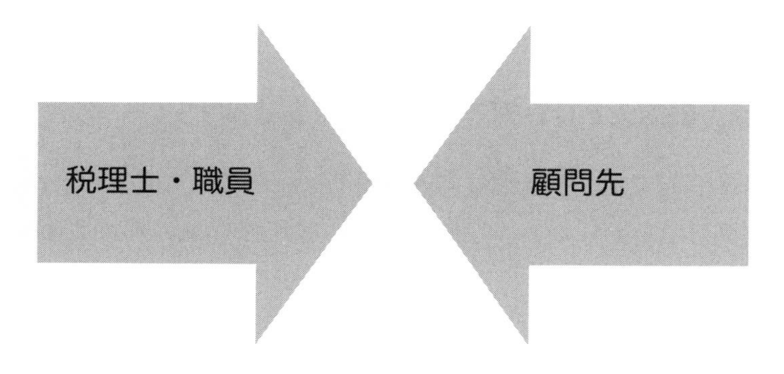

良好で対等な関係性を築く！

2 これまでの関係性を正しく疑う

（1）本当に“コロナ禍？”“コロナか？”

この見出しから、既に気づかれた方も多いでしょう。顧問先の経営面についての現況は、本当に“新型コロナウイルス”が影響していたのでしょうか？正しく疑ってみてください。もちろん、コロナ禍の打撃を受け、つらく切ない実情により経営がひっ迫したケースが多いでしょうが、ひょっとしたら、“コロナ禍”といった言葉すら存在しない遥か以前から、何らかの綻びを放置していたことに起因する結果なのかもしれません。

ここまで読まれて思いあたる顧問先が心の中で浮かんだのなら、ひょっとしたら、あなたが顧問先のためによかれと思って発信していたアドバイスを顧問先が受信していなかったことが原因の一つであるとは考えられないでしょうか？

では、なぜ顧問先はあなたのアドバイスを受信しなかったのでしょう？その理由の一つに、あなたの中にも「どうせ言ってもわかってもらえない」という諦めがあった、という悲しき“あるある”の可能性があるかもしれません。

（2）何も期待していない…と想像してしまう危険因子はないか？

さらにシビアなところに目を向けてみましょう。顧問先はあなたに何を求めているのでしょうか？　想像してみてください。「別に…」「何も期待していないのでは…」といったネガティブな答えが浮かんできたのであれば、あなた自身や事務所・法人内に危険因子が潜在しているかもしれません。

すなわち、顧問先や社会情勢等もさることながら、あなたの税理士事務所・法人自体の機能性についても“正しく疑う”ことをしなければならないということです。冒頭でも述べたように、顧問先との対面型の指導・支援が難しい故のコミュニケーション不足だったのか、振り返ってみる必要があります。

もしも、コロナ禍以前から関係性が良好とは言えなかった…と思われるのであれば、該当する顧問先をピックアップすることからスタートを切ってみましょう。

そして、その顧問先に対して今後はどのような向き合い方をすればアドバイスを真摯に受け止めてくれるのか、じっくりと時間を割いて、検討してみてください。

（3）顧問先との関係性をセルフチェックする

次に、あなたの顧問先とのこれまでの関係性について、セルフチェックをしていただきます。今後どのような向き合い方をするのが相応しいのか、検討する際のヒントになるかもしれません。

顧問先との関係性はいかがなものか？セルフチェック！

①連絡内容は、月次データの問い合わせくらいである。
②経営陣や経理部課長クラスとしかやりとりをしていない。
③顧問先側が今、どんな課題を抱えているか、聴こえてこない。
④顧問先の経理担当者の業務を把握していない。
⑤顧問先で今、どんなプロジェクトが進んでいるのか、把握していない。

いかがでしたでしょうか。もちろん、顧問先と一口に言っても千差万別なので、接し方は顧問先の規模や経理担当者のレベルにより様々でしょうが、これらのチェック項目をご覧になって当てはまるものがあれば、たとえ今は深刻な状況ではなくても、顧問先とあなたの税理士事務所・法人のさらなる繁栄のためにも、関係性を正しく疑うことは無駄ではないはずです。

また､顧問先との対等で良好な関係性の構築が危うければ、あなたの指導・支援が機能不全になり、顧問先の課題を掬い上げることが困難になるはずです。

　是非、真摯に見直し、メスの入れどころを探ってはいかがでしょうか。

3　顧問先の“社員ら”とも話をしているか？

（1）経営者とばかり接していると、情報が偏る

さて、あなたはこれまで、主に顧問先のどなたと話をしていたでしょうか？

おそらく、多くの税理士先生・事務所職員の方は、代表者にあたる経営者の方と話す機会が圧倒的に多かったのではないでしょうか。

もちろん、顧問先の経営面や税務対策に関してのアドバイスなどを主に発信するのですから、企業経営の全責任者としてトップの位置にいる方に対してしかるべき物言いをした方が効果的な場合があるでしょうし、それができる位置にいるのが、外部コンサルタントでもあるあなたなのでしょう。

しかしながら、経営者の方ばかりと接していると、トップ視点での現状しかあなたに伝わらず、情報が偏る危険性があります。

ひいては、経営者目線の指導・支援のみを講じるようになってしまい、顧問先の現場の隅々にまで良策が浸透することが難しくなってしまうかもしれません。

何となくでも思いあたる節があれば、次回からは経営者以外、すなわち社員の方々とも接する時間を増やしていただくことをお勧めしたいのです。

（2）社員の方と接点を持つ方法

そうは言っても、もしあなたがコロナ禍が始まる遥か以前から、顧問先の企業やあなたの活動の拠点である税理士事務所・法人のオフィス内の応接室で、もっぱら経営者の方と接することがごく当たり前であったのであれば、どのような方法をとれば顧問先の社員らと接点を持つことができるのか、悩んでしまうかもしれません。

こういう場合、経営者の方との関係性について特に問題がないと感じられるのであれば、率直に「今後は○○部の方ともお話しながら、指導・支援を進めたいので…」などと意向を伝えることが一番の早道でしょう。

ただ、顧問先の経営者と言っても千差万別です。上記のようにストレートに伝えることが憚られるタイプの経営者であれば、少しひねりが必要です。

そのようなケースでお勧めしたい方法は、あなたの本業である「経営面の指導・支援」を全面に表して伝えることです。

あなたは、コロナ禍が長く続いた間であっても、顧問先の経営状況について、月次試算表等を通して精査していたのではないでしょうか。その中で、収益・利益・コストについて、何かしら気づいたことがあったでしょう。

例えば、原価の推移が上昇傾向にあるのであれば、資材部や製造部の方から生の声を聴くことで、リアルな現状をうかがい知ることができるはずです。

そこで、あなたが経営者に対して、「○○といった原材料の仕入れ、払い出し状況を見させていただきたいので、資材部と製造部の方から、直接、話をお伺いさせていただきます」とキッパリと伝えれば、税理士・職員の職務の一環として必要なヒアリングであるとの位置付けで、相手方に促しやすくなるでしょう。

“あなた自身”によりフィットする伝え方を見つけて、社員らとの接点を持つ方法を探ってみてはいかがでしょうか。

（３）あなたの職務遂行の一環として不可欠！

現場で活躍する社員らと接点を持ちリアルな実情をヒアリングすることで、あなたが施すべき具体的な指導・支援策が見つかる可能性は高まるはずです。

例えば、前述した例のように、原価の推移が上昇傾向にあれば、資材部や製造部の現場担当者の方から状況をヒアリングすることで、材料・仕入先ごとの価格表を見たり、資材部から製造部への材料の払い出し方法に触れたり、といったコアなところを目の当たりにできるでしょう。

ひいては、次のステップとして、もっと適切な材料の払い出し方法や同業他社が行っている方法をあなたが顧問先に提案すれば、顧問先に対する後押しとなり、それが契機となって原価圧縮が実現できるのです。

顧問先は、あなたに顧問料を支払って指導・支援サービスを受けています。よって、現場で活躍する社員らと接点を持つことは、顧問料に見合うサービスを提供する上で必要な職務の一環であると顧問先にも認識してもらう必要があるのです。

もっぱら顧問先の経営者・要人としか接していなかった税理士・事務所の職員の方。それがあなただとしたら、本書との出会いをきっかけに、現場との接点を持つ方法を探ってみてはいかがでしょうか。

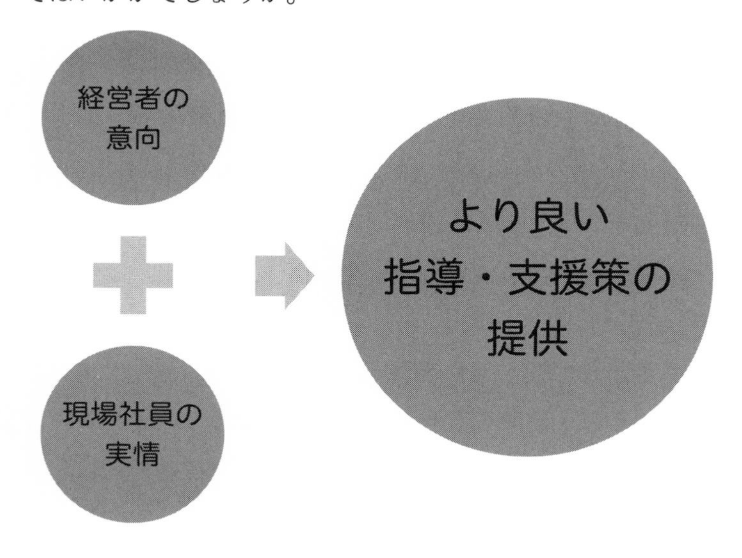

4－① コミュニケーションの再考 その１　ツールとして機能させる

（１）顧問先との良好な関係性構築のための“ツール”である

さて、本書のタイトルの中にもありますが、そもそも“コミュニケーション”とは何なのでしょうか？　この問いに対しスラスラと答えられる人は少ないような気がします。

「これが絶対に正解！」といったものはなく、捉え方は人により千差万別なのでしょうが、筆者がお勧めしたい考え方は、顧問先との良好な関係性を築くことに焦点を絞るのであれば、それを実現するためのツールであると捉えることです。

顧問先は、家族や友達、恋人ではなく、他人です。よって、価値観や思考が異なって当たり前なので、100％双方が理解し合えることなど不可能であると割り切った方がよいでしょう。

それよりも、ツールとして充分にコミュニケーションを機能させ、顧問先に対しての指導・支援を効かせて繁栄・発展に繋げる。あるいは、よりよい道を提案して実行に結びつけることが目的である、とシンプルに考えてはいかがでしょうか。

（2）“言語”＆“非言語”の双方を適切に活用する

前述したように、コミュニケーションの捉え方は様々なのですが、大きく分けると“言語コミュニケーション”と“非言語コミュニケーション”の二つに分けられます。

これらの双方を適切に使い分けて顧問先と接することが理想的ですが、ここが悩みどころで本書に辿り着いた方もおられるでしょう。

税理士先生や事務所の職員の方々は、経営や税務面のエキスパートとして専門的なところの指導・支援にあたるわけですから、言葉を使って説明する場が多く、よって、“言語コミュニケーション”を主に使っていると思います。そこに“非言語”も取り入れた方法で接することで、さらに効果が発揮されるのです。

そうは言っても、まだコロナが完全に終息しない中、顧問先の人に接近するのは抵抗があるでしょうし、たとえコロナ禍などなかったとしても、恥ずかしいと感じる方も多いでしょう。

ただ、非言語コミュニケーションと言っても、決して特別なことばかりではありません。以下に例を示します。

①専門的な解説をしながら、図表・イラストも提示する。
②顧問先の方が話をする際は、相手の方に体を向けて、相槌を打つ。
③マスク上の瞳が笑って見えるように、口角を上げる。
④会釈をする際は意識をして、深く頭を下げる。
⑤姿勢よく歩くことを心掛ける。

定番どころを例に挙げましたが、こうしたことに心を配るだけでもあなたの印象がよくなり、頼れる先生として、顧問先が指導・支援策をオープンな気持ちで受け入れてくれる可能性が高まるはずです。

非言語コミュニケーションも加えた方法は、それほど難易度は高くありません。できるところから取り入れてみてはいかがでしょうか。

言語コミュニケーション
言葉を発する

非言語コミュニケーション
・図表・イラストを提示する
・相槌を打つ
・表情・姿勢を工夫する

4－② コミュニケーションの再考 その2　効果的な「質問」とは？

（1）「質問」の工夫により、課題が浮き彫りになる

顧問先内で巻き起こっている現状や相手方が日頃から感じている“想い”を傾聴した後、さらにコアな課題点を引き出すためにあなたが「質問」する場面に移るのは、自然な流れでしょう。

また、相手方に「質問」することは、コロナ禍以前からごく当たり前に行われていたでしょうし、多くの税理士先生・事務所職員の方にとっては、的を射た質問をするスキルなど既に充分に持ち合わせていることでしょう。よって、ここはご自身にとっての振り返りの位置付けのページと捉えて読み進めていただければと思います。

まずは、以下の顧問先と税理士とのやりとりをご覧ください。

顧問先

このところ、業績が悪化しましたので、何とか奮起しないといけないと思っております。現在、このような改善策を検討しているのですが（資料を示す）。

先生、いかがでしょうか？　何かアドバイスがあれば、お聞かせいただけますでしょうか？

税理士

まず、質問なのですが、なぜ業績が悪化したのだと思いますか？　振り返ってみてください。なぜなのか…？

以上、顧問先と税理士のやりとりですが、あなたはどのような印象を持たれたでしょうか？

おそらく、多くの方は、なんとなく顧問先の方が責められているような印象を持たれたのではないでしょうか。

その理由は、既にお察しのとおり、税理士の質問の仕方にあるのです。「なぜ」という言葉は、それほど抵抗なく使ってしまいがちですが、相手方からすれば否定されているような気持ちになり、場合によっては責められているような印象を持たれることもあるのです。

さて、ここまで読まれて、今までの顧問先との面談の場面を思い返された方もおられるのではないでしょうか。もちろん何ら問題はないかもしれませんが、今一度、これまでの質問方法を振り返り、相手方の課題点・問題点をより一層引き出すことを再考・実践してみることをお勧めします。

（2）課題点・問題点を引き出すなら、"Why" を使った質問形式は NG

前述したように、顧問先に対して質問することは、税理士先生・事務所職員の方からすれば、ごく当たり前の行為であると思います。

しかしながら、質問の仕方に気を配っていなかった、あるいは、どことなく上から目線だったなどと思い返されるのであれば、軌道修正が必要かもしれません。

さて、今後はどのような質問方法で顧問先と面談をすればよいのか？　ご参考までに、再び以下の顧問先と税理士とのやりとりをご覧ください。

顧問先

このところ、業績が悪化しましたので、何とか奮起しないといけないと思っております。現在、このような改善策を検討しているのですが（資料を示す)。先生、いかがでしょうか？　何かアドバイスがあれば、お聞かせいただけますでしょうか？

税理士

そうですか…。業績が悪化した理由は、何が原因なのでしょうか？　どのようなことが背景にあったのでしょうか？

いかがでしたでしょうか？　既にお気づきでしょうが、こちらの税理士は、質問の方法を「なぜ（Why）」から、「何が（What）」、「どのように（How）」に修正しているのです。

こうすることで顧問先側は、これまでの経緯を具体的に振り返るようになるでしょう。

つまり、修正後のセリフで税理士は「何が原因なのでしょうか？」と質問していますが、このような方法にすれば、顧問先は具体的な問題点が何であったのか、例えば自社の商品・サービスの売上高や費用の増減など要因となるところを思い返し、税理士に説明しようとするはずです。

次に税理士側は、顧問先の話を傾聴した後、さらに細部についての質問を投げかけようとするでしょう。その場面においても「増減が著しかったのはいつなのか？」（When）、「変動幅が大きかったのはどこの地域か？」（Where）、あるいは「このプロジェクトの責任者はどなただったのか？」（Who）といったような形式で質問すれば、顧問先はこれまでの経緯を振り返りやすくなり、課題・問題点が絞り込まれることで、改めて気づくことも出てくるかもしれません。

いかがでしたでしょうか？定番の質問一つにしても、わずかな工夫次第で顧問先の課題・問題点を掬い上げやすくなり、ひいては、あなたが指導・支援する箇所がより明確になることがおわかりいただけたのではないでしょうか。

4-③ コミュニケーションの再考 その3 顧問先に対して興味を持つ

（1）相手に興味を持つ→承認欲求に応える

自身のことに興味を持ってくれることに対して抵抗感がある人は少ないと思います。おそらく、税理士先生や事務所・法人の職員の方々の多くも、事務所・法人のサービス内容や専門的な税務面について質問されたり、あなたの回答に感謝されたりすれば、心地よくなるはずです。

よって、顧問先が営む事業や職員の様子、そして今後の経営ビジョンについても、通り一編の質問を繰り広げるばかりではなく、あなたが実情を理解しながら興味を持っている姿勢を示すことで、顧問先は、承認欲求が特別強い人ではなくても、“自身を認めてくれている”といった安心感を得ることができるでしょう。ひいては、双方の関係性がさらに良好になることが期待できるのではないでしょうか。

ただ、長きに渡って顧問契約を継続しているところについては、既に深い信頼関係が構築され、「充分に知り尽くしているから、今さら…」と思うこともあるでしょう。しかし、ひょっとしたら顧問先はあなたと同じ気持ちを共有していないかもしれません。

“興味を持つ”ことに対してあまり注力してこなかった方は、今後あなたの目の前に現れるであろう新規の顧問先に対しても、同様の接し方をしてしまう可能性もゼロではないでしょう。

(2) 立場を意識せず、素直に発信する

通常、人が“興味を持つ”のは、“面白そう”、“もっと知りたい！”といった好奇心に近い心理でしょう。

そこでお勧めしたいのは、あなたが顧問先に対し、ほんの些細なことであっても、税理士・職員といった立場を抜きにした気持ちを素直に発信することなのです。

ただし、注意したいのは、コミュニケーションを円滑にするためなのですから、できるだけポジティブな面を掬い上げること。相手が不快になりそうなことは、言うまでもなくNGです。

内容は、立場を抜きにするのですから、月次決算や業績から外れてもOKです。例えば、顧問先の玄関先に備えてある生け花や置物、事務所内に設置されているキャビネットなどを思い出してみてください。“綺麗！”、“センスがいい！”、“きちんと整理されている！”と感じたことはないでしょうか？

また、オンライン上の面談であれば、“表情が活き活きしている”、“声に張りがある”といった、ディスプレイ上からわかる情報でもよいでしょう。

あなたが感じたことを素直に発信することで、あなたに対する好感度が上がり、双方の距離が縮まるかもしれません。

ここまで読まれて、「何も感じたことがない、意識したことがない…」と思われるのであれば、残念ながら、あなたは顧問先に対しての興味度が低く、事務的に淡々と接してきた危険性があります。もし思いあたる節があれば、顧問先は既にあなたの姿勢から自分たちへの興味が薄いことを見透かしていると考えられるのではないでしょうか。

このまま同様の姿勢を続けるのであれば、相手方を知らずして顧問先と接することになるのは言うまでもありません。

顧問先の玄関に備えてある花や置物、整理が行き届いた掲示物は、自然発生している事柄ではなく、顧問先の社員の訪問者に対するおもてなしの気持ちや、職場環境を良好にして社員らのストレスを軽減しようといった精神から表れたものです。

よって、顧問先の精神に触れる第一歩であると意識すれば、何かしら、あなたなりの視点・心で興味を持つ箇所が浮き彫りになるはずです。

些細なことが実は大切なのです。まずは、顧問先ごとにオフィスや担当の方を思い出しながら、あなたなりの興味のネタを探ってみてください。

（3）"興味"は税理士先生・事務所職員の本業にも奏功する

顧問先の精神に触れ、興味を持つようになると、定例の指導・支援の場面でも、あなたの本業を効率的に進めやすくなるでしょう。

例えば、これまでは顧問先の近況をヒアリングする前に月次実績をマニュアルに沿って解説していたのであれば、その方法を見直し、今後は顧問先が実際に行ったマーケティングや仕入れ、製造、販売といった一連の経営活動に焦点を絞り、どのような背景によりこの実績に至ったのか興味を持って質問をすることで、顧問先はさらに具体的な事情を解説してくれるかもしれません。

顧問先があなたに対して心を開き、実態を素直に表すようになることが期待できるので、あなたはそれらの中から課題を掬い上げやすくなるでしょう。

また、それと同時に顧問先がこの先どのような道に進もうとしているのか興味を持ちながらヒアリングすることで、長期的視点での経営支援・指導も可能になるはずです。

決して侮れない“興味を持つ”といった行動が、これまでできていたかどうか、振り返り、進展させてみてください。

4－④ コミュニケーションの再考 その4　尊重する

（1）興味から進展させた“尊重”

顧問先の社員が従事していることや法人全体が取り組んでいることに対して興味を持つことは、やがて当事者を尊重する、といった姿勢へと発展していきます。まさにここは要どころで、税理士・事務所職員と顧問先との関係性を対等に保つためには欠かせないでしょう。

ここで、筆者が若かりし頃に企業の経理部の管理職として勤務していた頃、税理士先生とのやりとりの中で経験したことを紹介します。

当時、顧問されていた税理士事務所内の担当職員の方と私はよい関係性が築かれていて、時折、自社内のリアルな事情を話しながらアドバイスを受けていました。

しかしながら、その頃、組織改編に伴うトラブルが相次ぎ、管理職でもあった私はその対処に追われるなどして、経理の職務に専念することが困難になったのです。

そこで月次の経理データの送信締め切り日を伸ばしていただけないかと税理士先生に懇願したところ、先生はこちら側の事情を一切聞くこともなく、「締切日に間に合わなければ困ります。組織改編云々など、関係ありません！」と、怒り口調で言葉を返されたのでした。

あの税理士先生は、なぜ、私の要望に対しすぐにYESの返事は返さないにしても、検討の余地すら持たなかったのでしょうか？

顧問税理士ならば、顧問先で減収減益が続いていることは当然把握していたはずです。そういう厳しい時だからこそ、月次の経理データ処理が遅れることで試算表作成が遅れ、一時を争うような経営判断に悪い影響が出てはならないというのは、プロとしては正しい判断です。「苦しい時だからこそ、言い訳しないで、まずはやるべきことをやりなさい」と一喝したい気持ちもあったのかもしれません。また、当時の私の伝え方にも十分ではなかったところがあったと反省もしています。

その一方で、現在のコンサルタントとしての私からこの税理士先生をみたとき、大切な月次データの提出締切日を先延ばしにしてでも組織改編に関する業務を優先しなければならない顧問先のリアルな現状を把握しようとは思わなかったのだろうかという疑問が湧きます。顧問先の事情を理解し、一緒に問題を解決していこうとする意識があれば、担当者から詳しく話を聴こうとする姿勢を示していたはずだと思うからです。税理士先生側の私たち顧問先に対する“尊重”の気持ちが欠けていたように感じられます。

（２）対等な関係性を築く→互いが前進する

非常に厳しい経営状況を強いられた顧問先は、ウィズコロナの中で生き残りを図ったり、あるいはそれにとどまらずさらなる発展への道筋を探ったり、逆に清算等も視野に入れるなど、いずれの方向に向かうにしても前進することが必須になってきます。

そうなると、税理士先生・職員の方々の中には、よかれと思って、厳しめの指導策に出るといった対応を選択する場合もあるでしょう。

もちろん、それが相応しい判断で、顧問先も充分承知している策であればまったく問題ありませんが、もし、あなたが講じようとしている指導策に対し、顧問先がわずかでも難色を示したり、反応が鈍かったりといったことが何かしら感じられたのであれば、顧問先側からは的外れな策であると思われている危険性があり、前進は難しいでしょう。ここは冷静になって、顧問先がこれまで行ってきた経営活動について、どのような想いで商品・サービスを製造して、営業、販売してきたのかを今一度振り返ることが欠かせません。そして、今後どのような道を進もうとしているのか、じっくりとヒアリングした後に、あなたの出番を探ることをお勧めします。

このようなプロセスを重ねた上で、あなたから税務・経営のプロとしての指導・支援策を発信することで、顧問先はようやくあなたの声を聴こうとするはずです。

税理士側の一方的な指導・支援を力強く訴えるのではなく、顧問先のこれまでの歴史に寄り添い、企業文化などの価値観を尊重することで、対等な関係性が築きやすくなり互いが前進するのではないでしょうか。

“尊重する”。日頃あまり意識することではないかもしれませんが、状況に応じて適宜取り入れる必要があるはずです。

4－⑤ コミュニケーションの再考 その５　傾聴する

（１）“話したい！”“伝えたい！”という欲求に応える！

相手の話をじっくりと傾聴するといった行為は、コミュニケーションの中でもかなり重要視されるものでしょう。税理士先生や事務所の職員の方は、定期訪問等で顧問先の経営陣や経理責任者と接することが多いでしょうから、日頃から意識されていることと思います。

しかしながら、コロナ禍では相手方の話を傾聴したくても感染防止が優先されるのは致し方なく、顧問先と対面で接する機会が激減し、お互いの連絡方法のほとんどはＥメールやオンラインでの打ち合わせになってしまっていたと思います。

仕事のみならずプライベートでも、友人らと対面でのコミュニケーションが取りづらくなってしまった方も多いはずです。こうした中で、“自身の声を発したい”、“気持ちを伝えたい”といった欲求のある人が増えていることは、容易に想像できるのではないでしょうか。

今後、徐々に対面型の話し合いが復活するようになれば、工夫次第でビフォーコロナ時代よりも、顧問先の気持ちに寄り添いながら、このところの悩み、問題、課題といった諸々の情報を掬い上げられるようになるかもしれません。

(2) あなたの“五感”をフルに活用して、効果的な「傾聴」を！

混沌としたコロナ禍により人の心がいくら疲弊しても、時は容赦なく流れゆき、その中で、時短営業による売上減や、社員が新型コロナウイルス感染者の濃厚接触者になったり、あるいは本人が感染したりといったことで人員に影響が表れて、やがて生産性悪化が目立ってしまうなど、挙げればきりがないほどの苦境にさらされた顧問先は少なくなかったでしょう。

こうした中、ビフォーコロナ時代は定期的に訪問されていた税理士先生や事務所職員の方々に対し、悩みどころを伝えたいと感じている顧問先は少なくないはずです。

よって、特別な工夫など施さなくても、あなたが顧問先に興味を持って傾聴する姿勢を相手方に示すだけで顧問先が抱えている課題・問題に触れることができるかもしれませんが、筆者がお勧めしたいのは、あなたが元々持ち合わせている“五感”を活用しながら接することなのです。

例えば、顧問先の相手方があなたに対して話す際、重要度が高い内容を説明する場面では、表情が険しくなったり、暗いトーンの声になったり、あるいは、つらい実情を語る場面では、ため息が聞こえたり、声が詰まったりといった何らかの違いや変化が現れるはずです。

その中で、顧問先が抱えている課題の中でも何が一番ネックになっているか、感じ取れることがあるのではないでしょうか。

もちろん、日頃から一緒に仕事をしている相手ではないのでわかりにくいケースもあるでしょうが、あなたが持ち合わせている五感の中でも、特に“視覚・聴覚”を意識しながら顧問先と接するようにすれば、わずかでも顧問先が抱えている問題をつかむ糸口が得られるかもしれません。

また、五感を活用しながら相手方と接するようになると、話し方の特徴や普段の服装、あるいは周囲の社員、オフィスの状況など、これまであなたが気づかなかったところにも目が向くようになるかもしれません。つまりは、あなたがその顧問先に対し新たな発見をする機会を得ることでもあるので、ビフォーコロナ時代以上に双方の距離が縮まることも期待できるでしょう。

単なるビジネストークだけではなく、あなたが感じた事柄を発信したり、質問したり、4－①にて説明した“言語・非言語コミュニケーション”をフルに活用しながら顧問先の話を聞く姿勢を整えることで、ひょっとしたら顧問先自身も気づいていない課題・問題が丸わかりになる可能性もあるはずです。

あなたならではの“五感”を全面に活かして、傾聴するスタイルを築いてみてはいかがでしょうか。

（3）顧問先が使う“ワード”を傾聴する

最後にお勧めしたいことは、顧問先がどんなワードを用いて話しているか、注意して傾聴することです。もちろん、内容を傾聴することも大切なのですが、頻繁に口にするワードを分析することで、企業文化や相手の本質を改めて理解することができる場合もあるからです。

例えば、自社の経営状況を説明する際の“主語”が何なのかを注意深く傾聴することで、顧問先が重要視していることが何となくでも把握できるかもしれません。

顧問先により、人・物・お金といった自社の経営リソースの状況を主語にしているのか、あるいは外部にある物事を主語にしているのか、違いのほどが浮き彫りになることもあるでしょう。

“主語”は、顧問先が最も重要視している事柄であるケースが多いものです。そこに焦点を絞り、問題をあぶり出した上で税理士先生や事務所の方々の十八番である指導・支援策をどのように発信するかを顧問先ごとに検討、実践していく姿勢は、まさにウィズコロナ時代にふさわしい在り方ではないでしょうか。

5 「あなた自身の言葉」で顧問先に声を掛ける

（1）近況伺いはあなたから

顧問先に対するこれまでのコミュニケーションを再考した後は、実践へと移りましょう。

コロナ禍では対面でのコミュニケーションをとる機会がめっきり減り、顧問先の近況を知る手段としては、定期的に受信する月次の仕訳伝票や試算表など、もっぱら経営データから現況を知るケースが多かったのではないでしょうか。

このような状態が長きに渡って続けば、互いが疎遠になったような気持ちになり、ウィズコロナ時代を迎えて対面型の面談ができるようになっても、どこかギクシャクして良好な話し合いができにくくなるかもしれません。

そこで、もしもしばらく連絡をとっていない顧問先があるのであれば、相手からの発信を待つのではなく、あなたから口火を切ってみる必要があるでしょう。その方法はＥメールが簡素で一般的とは思いますが、お勧めしたいのは、あなたの肉声。つまり電話で声を届けることです。

特別な用件がないにもかかわらず電話によって仕事を中断させてしまうのは憚れることでしょう。しかし、できるだけ月次の締めなどの繁忙期や朝礼・会議などがありそうな時間帯を避け、気遣いも伝えながら電話でメッセージを発信すれば、相手側も悪い気持ちにはならないはずです。

皆さまの中には、言語コミュニケーションをとることがあまり得意ではないと思っている方もおられるかもしれませんが、自然な感覚で「このところ、ご連絡していないので…。お変わりございませんか？」といったように、近況を尋ねるくらいであれば、それほど抵抗はないのではないでしょうか？

また、電話のはじめにその顧問先の担当者から以前聞いていたエピソードについて触れることで、相手方は「覚えていてくれている…」とホッとした気持ちになるかもしれません。

例えば、以前に体調が優れないと言っていた、あるいは新しい部署が立ち上がりそちらのヘルプも兼務するようになったといったエピソードについて、「あれから、いかがですか…？」といったようにラフな感覚で尋ねることで、これまでの空白期間が縮まることが期待できるでしょう。もちろんプライベートな点をあれこれ尋ねるのはNGでしょうが、適度に触れるのであれば自分を気遣っているという印象を持たれるはずです。

電話を使ったアナログな近況伺いをする取引先は滅多にいないでしょう。他者との差別化を図る意味でも、顧問先との今後の関係性を見据えると効果的な方法なのです。

ウィズコロナ時代を迎えて対面でのコミュニケーションをとる前のアイスブレイクとして、取り入れてみてはいかがでしょうか。

（2）説明の仕方を工夫する

次に、あなたの本業にあたる税務や経営に関しての指導・支援を施す際の伝え方について考えていきます。顧問先の経営体制や組織間における何らかの課題を引き出す中で、担当者や経営陣に対して具体的なアドバイスをする場面があるはずです。それらの中には短期間で達成できるものもあれば、相当な時間を経てようやく仕上がるものもあるでしょう。

その途中で、顧問先側に何らかの進展があれば、具体的な進展部分を取り上げて、あなたから素直なメッセージを送ることは当然ながら大切なことです。

ただ、ケースによっては、指導・支援策の改定やさらに必要な改善箇所を申し伝えることもあるでしょう。

そこでお勧めしたい方法は、最初に改善箇所を取り上げて指導し、相手方が今後どのように進展させていくのが相応しいのかアドバイスした後に、今度は顧問先が進展した部分を取り上げ、具体的にどの部分で効果が表れているのか、あなたの言葉で素直に称賛する、といった流れで進めることなのです。

ポイントは、あまりよくない情報の後に良好な情報を発信する、といった順番を心掛けることです。

一般的に人間は、後で聞いた方の情報について印象深く感じるものなのです。よって、顧問先の担当者や経営陣は、あなたから称賛されたところについて“気にしてもらっている”“見てくれている”といった安心感を得て、軌道修正が必要な改善箇所についても前向きに取り組むのではないでしょうか。

こうした工夫をしながら、単なる形式ではない、あなたなりの言葉による声掛けをしてこそ、人である相手の気持ちに響き、ひいては、ポジティブな行動をとってもらえることが期待できるのです。

ポジティブな行動を
とりやすくなる

進展部分を
称賛する

改善箇所を
伝える

6 あなたの“印象度アップ”が顧問先の心を開く

（1）印象度アップは、大切なコミュニケーションツールの一つ

多くの税理士先生・事務所職員の方は、コロナ禍以前から、あるいはもっと昔から、自身の表情や姿勢、そして服装等々について気を配りながら顧問先と接していたことでしょう。

よって、「今さら印象度アップなんて…」と思われるかも知れませんが、ここは振り返りの位置付けとして読み進めていただければと思います。

表情・姿勢・服装に気を配って人と接することは、非言語コミュニケーションの一つであり、自然と身についている方は多いでしょう。

しかしながら、肝心なのは相手方が受ける印象がどうなのかであり、自身の振る舞いが及第点なのか否か、自己評価をすることは難しいものです。

顧問先がもっと心を開いて、あなたの指導・支援を受け入れ、今後の活動に精を出すためにも、本項を読みながら今後の参考にしてみてはいかがでしょうか。

（2）“当たり前”に“こだわり”をプラスする

好印象を持たれる表情・姿勢・服装とはどのようなものな

のかといった当たり前の事柄をツラツラ述べるためにページを割くことはいたしません。

ここで筆者がお勧めしたいのは、その“当たり前”にあなたならではの“こだわり”をプラスすることなのです。

そこには人それぞれのスタイルがあって当然なのですが、ヒントとして以下に紹介していきます。

▶表情：“メリハリ”をつける

常に温和な表情や笑顔を心掛けるのではなく、伝える内容によって表情にメリハリをつけたプレゼンテーションの方が相手方の心に響くはずです。

例えば、シビアな指導をする際には真剣な表情にする。あるいは、称賛すべき進展があれば、その当事者に対して満面の笑顔を見せる、といったようにメリハリをつければ、あなたが伝えたい事柄が表情と共に相手方に届きやすくなるでしょう。

このような手法をとることで、顧問先は、あなたから受けた指導に対して、具体的に改善行動を試行錯誤しながら実践するようになり、かつ、称賛されたところについてはモチベーションアップのみに留まらず、今後も続けながらさらなる発展を目指すなど、成長に繋がることが期待できるでしょう。

今までは笑顔に気を遣うくらいで、より深いところまで視野に入れていなかった方もいるかもしれませんが、わずかでも取り入れることで、顧問先の前進が期待できるかもしれません。是非、取り入れてみてください。

▶姿勢：相手と同じ目線で話す

背筋を伸ばす、少し大股で歩くといった姿勢は、言うまでもなくとても頼もしい印象を持たれます。それらも大切なのですが、相手と同じ高さの目線で話すようにすると、対等に話をしているといった印象を持たれて、好感度が上がるはずです。

例えば、相手が立ち上がっていれば、あなたも立ち上がって話す。あるいは、相手が椅子に腰かけていれば、あなたは腰をかがめた姿勢にして、相手の目線と同じ高さで話すといったスタイルです。見た目の姿勢は、思った以上にその人の性格や意識のほどを丸見えにしてくれるものです。

ほんのささいなことですが、怠ると逆にマイナスが生じやすくなるもの。既に気を配っている方が大多数でしょうが、これからも気を抜かずに続けてみてください。

▶足元を見られてもOK！でしょうか？

服装に無頓着すぎては、信用度まで下がってしまうかもしれません。皆さまにおいてはほとんど心配無用でしょうが、まずはジャケットやパンツ、スカートなどについて、汚れやしわなどがなく清潔な印象を受けるものだったか、振り返ってみてください。そして注意を払いたいところは、あなたが履いている靴についてです。

おそらくこちらについても心配ない方がほとんどでしょうが、毎日磨くのがなかなか大変だと思う方もおられるでしょう。

しかしながら、「足元を見る」といった言葉は、相手の履物を見て人的レベルを推察する、といったシビアな意味でもあるそうです。

コロナ禍では、対面での指導・支援をする機会があまりなかったでしょうが、これからは徐々に復活していくかもしれません。お互いがテーブルを挟んでの面談スタイルが通常になるのであれば、顧問先がふと下に視線を落とした際にあなたの足元がどのように目に映るのか、わずかでも想像してみてはいかがでしょうか。

服装に加えて足元にも気を配って印象度アップを図ることは、あなたの心身の衛生面にとってもプラスに作用するはずです。清々しい気持ちでウィズコロナ時代を迎えることも叶うでしょう。こうした状態で臨めば、対面型の場でも印象度アップをすることができ、ひいては、顧問先への有意義な提言も可能になるのです。

7 “不正”の芽を摘む

（1）当たり前すぎるからこそ、改めて見直したい不正予防

コンプライアンス経営の中でも“不正予防”は、企業の規模や業態にかかわらず、既に重要視されているでしょう。

よって、税理士先生・事務所職員の方の多くは、顧問先の現預金や材料、部品といった流動資産ならびに棚卸資産のデータ推移や残高管理などにも目を向けて、適宜、指導・支援にあたっていることでしょうが、あまりに当たり前すぎる注意ごとのため、踏み込んでのチェックまで及んでいない例があるかもしれません。

皆さんの顧問先企業は心配無用かもしれませんが、本書を手に取ったこの機会に顧問先の“不正予防”について改めて見直すことは、今後も指導・支援を続ける上での基本に立ち返ることにもなり得るでしょう。

あなたが実際に顧問している企業・個人事業主のオフィスや担当者、そして経営数値を思い返しながら、本項を読み進めてください。

（2）“不正のトライアングル”はないか？

不正防止を語る上での有名どころの一つに、米国の犯罪学

者ドナルド・R・クレッシー（Donald R. Cressey）が説いた“不正のトライアングル”が挙げられます。

要約すれば、不正は「動機」・「機会」・「正当化」という３点の要素が揃うことで生じやすくなるといった理論です。

よって、何も特別な事態が絡まなくても、日常の“あるある”の中にこれらの要素が偶然にでも３点揃えば、不正は充分に起こり得ることだとも考えられるかもしれません。

以下、３点の要素ごとに例を挙げてみます。

①「動機」の例
・“失敗したくない”“いいところを見せたい”といった心理状態。
・他人の成功事例にこだわり、自身も“なりたい”という願望。
・営業職でノルマがあり、達成しないと減給される、といった恐怖心。

②「機会」の例
・一人の担当者が、現預金や棚卸管理を任されている。
・整理整頓がなされていないため、備品・部品が紛失しても気づかない、気にしない環境である。
・物品等の発注や経費精算等について、上長は中身を精査することなく承認している。

③「正当化」の例

・業績が悪いため、仕方がなく、“会社のために”架空の売上計上を行う。

・自分はいくら会社のために貢献しても昇進・昇格がないので、これくらいの額のモノ・カネなら着服して当然だと思う。

・税務の知識がない。だから、自己判断で不正な経費計上を行う。

いかがでしたでしょうか？　３点の要素は案外表出されにくく、長きに渡って同じ職場に勤務していると神経が麻痺して、小さな不正が生じてもそれを“不正”だと思わなくなってしまう危険性があるかもしれません。

これまで、コロナ禍による感染予防のため、対面による指導や現預金・棚卸資産の実地確認がやりづらくなっていたでしょう。こうした事態により“不正予防”にまで目が行き届かなかった…。とならないように、これから訪れるウィズコロナ時代に向けて、不正のトライアングルの芽の有無を確認してはいかがでしょうか。

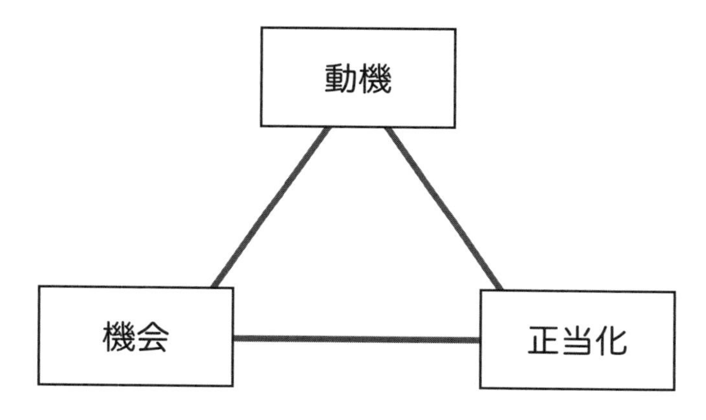

ウィズコロナに向けて、
“不正のトライアングル”の芽を摘む！

（3）真っ当な経営体制を築くための不正予防

時折見聞きされる報道の中に、上場企業の粉飾決算があります。それらの報道に対し、多くの人々は「あんな大企業。なぜ､税理士や会計士は見抜けなかったのか？」と疑問視し、そして、「おそらく、ちゃんと見ていなかったのでしょう…」などと冷ややかな感想でもって、自身に置き換えることなく素通りしていくものです。

しかし、こうした不祥事は、メジャーな大企業で、かつ、社会への影響力が強いからマスコミ等で取り沙汰されるのであり、実際のところ、不正の“小さな芽”は、筆者自身の経験からも必ずと言っていいほど職場環境の中に潜在しているものです。

ビジネスパーソンであれば当事者意識を持って不正予防にあたることは当たり前なのでしょうが、長引いたコロナ禍も影響した減収・減益が続いたことで、それらの挽回を図る方を優先させ、不正の芽についてはたとえ気づいても見て見ぬふりをしてしまうといった危険性はゼロではないでしょう。

“小さな芽”を放置すればどんどん育ち続けるわけで、気づいた時には、重要な人的経営資源である社員らの精神が既に疲弊しているでしょうから、収益・利益のＶ字回復どころか、経営破綻に繋がるところにまで悪化していることも充分にあり得ます。

税理士先生・職員の方は、“第三者によるシビアな目”としての機能も持ち合わせているでしょう。まずは、オーソドックスな取り組みですが、不正の芽を摘む策として以下に例を挙げました。

できるところから取り組んでみてはいかがでしょうか。

①「動機」に繋がらないような対策

（ｉ）メンタルケア

→福利厚生費の有効活用として、社員らのメンタルケアの拡充を勧める。

（ⅱ）給与規程のチェック

→収益に対する人件費割合の推移を分析し、営業社員のノルマ事情に問題点がないか、ヒアリングする。

②「機会」となる小さな芽を摘む

（ｉ）現預金

→帳簿記帳と現預金の払い出し担当者を別々にしてもらう。

（ⅱ）棚卸資産

→定期的に第三者による実地棚卸を行う。

（ⅲ）その他物品

→内部からの物品請求→承認→調達までのフローが適正なのか精査する。

③歪んだ「正当化」の芽を摘み取る

（ｉ）売上計上

→・水増し等不正が発生しないように、計上すべき基準を改めて周知する。

・第三者による監査機能を設ける。

（ii）経費計上

→・経費が発生するまでの承認システムに問題がないかチェックする。

・仕訳データのみならず、エビデンスとの突合も行い、信ぴょう性があるか精査する。

★専門外と思われるジャンルに関する点でも、税理士・事務所職員の方の役どころは、たくさんあるはずです。

8　“ハラスメント”に対し、税理士先生・事務所職員はどのように向き合うべきか？

（1）“パワハラ・セクハラ”は人材への冒涜

今や“パワハラ・セクハラ“に対して無頓着な方は少ないでしょう。SNS等の普及も手伝って、社会の中でかなり定着してきたタブーであり、特にビジネスパーソンであれば、日頃から上司や同僚の方々と接する際、言動や行動に気を配っているのではないでしょうか。

しかしながら、“パワハラ・セクハラ”は人によって捉え方が異なり、中には部下に気合を入れるために厳しい言動で注意することなど当たり前であると思っていたり、あるいは、異性の部下や同僚の容姿をからかって笑いをとったりすることが周囲を和ませるコミュニケーションであると勘違いしているなど、いまだに昭和時代の悪しきところを引きずっている人は少なくないものです。

こうした事態を放置していれば、社員らの精神が疲弊するばかりではなく、経営指標にあたる収益・利益、資金繰り等への悪影響に繋がる危険性があるでしょう。

なぜなら、ハラスメントが放置されている職場環境というのは、その顧問先内の経営陣や上層部の不勉強・意識の低さの表れであり、よって、旧態依然な体制を引きずって経営活動を進めている可能性が高いからです。

しかしながら、ここまで読まれて、税理士や事務所の職員が顧問先のハラスメントに対してどのような手法で介入すべきなのか？　そもそも専門外のことでは？と思う方もおられるでしょう。とは言っても、重要な人的リソースの疲弊による生産性・業績悪化については、目をつぶることはできないはずです。

ここで、しっかりとあなたの役どころを探ってはいかがでしょうか。お勧めしたい方法を次に記述していきます。

（2）当てはまる顧問先の見分け方

まずは、“ハラスメント”が蔓延っていそうな顧問先の見分け方についてです。

おそらく、顧問先が数多ある税理士先生であれば既にお気づきのところでしょうが、コロナ禍の前後においても、対面・オンラインでの面談指導の場の中で相手方が発する言動や、相手方へ訪問した際の様子によって判断できるシーンが多々あったでしょう。

以下に例を挙げました。一つくらいは、「そう言えば…」と思いあたることがあるのではないでしょうか。断言はできないかもしれませんが、ハラスメントの危険因子は潜んでいるはずです。

～セクシャルハラスメントが疑われる言動・様子の例～

①社員について話す際、“女性社員＝女の子”、“男性社員＝男の子”といった言葉を使っている。
②女性社員にのみ（あるいは、男性社員にのみ）制服が貸与されている。
③給茶をする社員は、女性のみ（あるいは、男性社員のみ）である。
④性別で職務の役割分担がなされている。
⑤管理職割合は、性別により偏りがある。

～パワーハラスメントが疑われる言動・様子の例～

①訪問の際、大声を張りあげて部下を叱責している様子を見たことがある。
②人事考課は、上司が一方的に行う制度として成り立っている。
③ベテラン社員にもかかわらず、新入社員レベルの職務にあたっている社員がいる。
④適性ではなさそうな職務にあたっている社員がいる。
⑤社員らのやる気・覇気がない。疲れている様子だ。

（3）目に見える綻びから退治する！

まずは、あなたが感じた疑わしきハラスメントについて取り上げ、今後も放置していれば具体的にどのような悪しき影響が及ぶのかを助言することは、基本中の基本でしょう。

例えば、前述の「セクシャルハラスメントが疑われる言動・様子の例」の中で述べた③〜⑤については、社員ら個々の潜在能力を精査することなく、単なる性別で職務や役職を割り当てている危険性があるわけで、有能な社員に対する機会提供を怠っており、ひょっとしたら得られたかもしれない収益・利益といったオーソドックスな経営指標のみならず、顧問先のステークホルダーから支持されるような企業価値までも失っている危険性があると言っても過言ではないのです。

税理士先生・職員は、顧問先からすれば経営・税務の「先生」なのですから、顧問先内部のしがらみに関係なく客観的な指導ができます。ここで躊躇していたら、他に誰も助言できる人などいません。

シビアな話、あなたが受領する対価と見合うくらいの物言いがあってもよいはず。どうぞ臆することなく、悪しきところを指摘し、指導・支援にあたってはいかがでしょうか。

（4）社員らの生の声を聞き取り、改善に繋げる

次に、社員らの目線に立っての改善策を考えていきましょう。

既出の項でも述べたとおり、上層部と接点を持つばかりでは本質的な問題に触れることが困難になりがちです。現場視点に立って社員らの声を吸い上げなければハラスメント退治に臨むことはできません。

“ハラスメント”は社員らが感じることなので、顧問先の社長や役員らといった上層部の意見のみを採り入れた改善策が“改善”に繋がるはずがなく、単なる体裁的な整備のみに留まる危険性があるでしょう。

現場視点でのハラスメント退治を進めるのであれば、顧問先の経理や事務、総務担当者の方から直接実態をヒアリングして、現場視点での改善策を進めることが欠かせません。

具体的な方法としては、顧問先の社員らから掬い上げた現場で生じているリアルなハラスメント事情を踏まえて、顧問先内で専門のハラスメント対策委員会を立ち上げて、組織全体の意識改革を促すようにするなどです。

あるいは、もっとダイレクトに社員らの声を掬い上げることができるように、直属の上司ではなく、その上の上司や顧問先のトップにあたる役員・社長、CEO に直訴できるようなシステム改定を進めるなど、改善に導く方法は無数にあるはずです。

まずは、経営・税務に関する顧問の、税理士であるあなたから、口火を切ってはいかがでしょうか。

もちろん、人事的な整備になると専門家との相談が必要になる場合もありますから、あなたのビジネスパートナーに社労士・弁護士がいるようでしたら、その方々と連携しながらの指導・支援はさらに有効になるでしょう。

税理士としては専門外でしょうが、経営コンサルタントでもあるあなたの誠意による具体的な“ハラスメント退治”は、顧問先の社員らの疲弊している気持ちを和らげ、ひいてはそれに起因して、生産性向上や収益・利益アップが実現するようなアイデアが沸々と湧き出る環境を生み出す可能性が高まります。

わずかでも綻びを感じる顧問先の存在があれば、まずは一歩、踏み込んではいかがでしょうか。

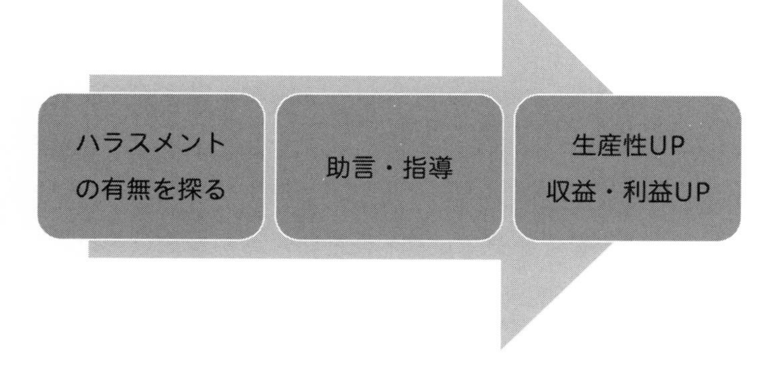

“ハラスメント”の放置は、貴重な経営資源である
“人材”に対する冒涜です。

9　顧問先が改善行動を起こすには？ ポジティブな要素を掬い上げる

（1）顧問先は、自社の“ポジティブ要素”をどのように捉えているのか？

“社内文化”とは、捉えどころがなくても、強く存在するもの。それらがよくない要素であれば、一つ一つをかみ砕いて分析し、あなたの役どころを探る必要があるでしょう。

ただ、外部コンサルタントの立ち位置である税理士が直接的に声を上げ、レッドカードを示すことは、現実的ではないと思う方もいらっしゃるかもしれません。

では、どうすればよいのか？　これについては、逆に「外部の先生だからこそ」の役割を考えていくことで、良策が見つかることもあるでしょう。

そこでお勧めしたいのは、顧問先のポジティブ要素を掬い上げて、相手の反応を見定め、それに応じて改善するべきところの善処を促す支援スタイルです。以下の図を参照しながら、次を読み進めてください。

たとえ、あまり芳しくない社内文化が感じられる顧問先であったとしても、前述の**4**－③“顧問先に対して興味を持つ“の項でも触れたように、あなたが顧問先を訪問する際に目に映った情報から、「なるほど！」「すごい！」と感じたことが、一つくらいはあったのではないでしょうか。

例えば、ごく一部の社員ではあるが、清々しい挨拶をしてくれる。あるいは、オフィス内は全体的には整理整頓が不充分でも、先端的な設備があるなど、あなたが興味を持ったりよい印象を感じたりした“ポジティブ要素”を掬い上げ、顧問先に対して発信してみてください。

具体的には、「玄関先で、清々しい挨拶をしてくれた社員さんがいらっしゃいました」、「○○といった先端機器が備えられていますね」と、あなたが感じたことを伝えることで、相手方は何らかの反応を示すはずです。

その次の場面で大事なことは、相手がどのような反応をしたのか、見定めることです。

例えば、特に表情を変えることもなく、「そうですか…」といった無反応に近いようであれば、言うまでもなく要注意です。

あなたと接する方は、しかるべき経営権を担う人である可能性が高いでしょうから、いわば、上層部が社員らの資質について興味を持っていない、軽視しているといった危険性が潜在しているおそれがあるでしょう。

このような顧問先は、税理士先生側から顧問契約お断りといった感じかもしれませんが、何らかの縁で繋がっているわけで、そう簡単にはいかないはずです。

よって、正攻法での指導を全面に表して、その顧問先に対して人材を軸にした経営体制の構築を促したり、場合によっては、あなたのビジネスパートナーに社労士がいるのであれば、その方とも連携しながら立て直しを図ったり、といった策を講じることが肝要かもしれません。

また、逆にあなたが“ポジティブ要素”を伝えた際、顧問先がそれらについて嬉しそうな表情で、関わっている人やチームの様子など詳細を話そうとする場合は、まさに良好な反応でしょう。

つまり、見込みがある顧問先なのでしょうが、それでも、井の中の蛙状態に陥っていて気づいていない改善点もあるかもしれません。そのような顧問先にはあなたから素直に伝えることで、忠告を真摯に受け入れ、徐々に改善していく場合もあるでしょう。そして、次回にあなたが訪問する際には、わずかでも整理整頓をする兆しが見えたり、社員らの表情から覇気が感じられたり、何らかの進展が見受けられるかもしれません。

あなたからポジティブ要素を顧問先に発信した後の“反応”によって、相手の本質が丸わかりになることがあります。その反応の違いは、顧問先の質の違いといっても過言ではないでしょう。

常駐していない外部の人間だからこそ、顧問先の質のよし悪しに気づくことがあるはずです。

対面型の訪問を再開しているのであれば、次回から是非試してはいかがでしょうか。

(2) 月次データから顧問先ごとの“長所”を掬い上げる

次に、あなたが定期的に行っている指導・支援策の中から顧問先のポジティブ要素を引き出す方法を考えていきましょう。

まずは、あなたが顧問先ごとに定期的に行っている月次の指導・支援策について、思い返してみてください。

例えば、自計化していない顧問先であれば、あなたの事務所内で月次試算表等の作表を行っていることでしょう。よって、それらを作成する前段階の資料にあたる月次の仕訳データを受信する機会がかなり多いのではないでしょうか？

筆者がお勧めしたいのは、その月次における顧問先とのやり取りの間から、ポジティブ要素を掬い上げることなのです。

例えば、イレギュラーな仕訳が発生した場合、経理担当者が付箋上に丁寧にコメントを添えてくれている、あるいは、どの顧問先よりも早くに月次データを送信してくれている。または、自社視点での経営分析も添付してくれていたなど、たとえふとした出来事でも、喜ばしい出来事が顔を覗かせることは少なからずあったはずです。

それらを掬い上げて、顧問先の経営陣に対しキチンと発信することで、社員らの思いやりや、効率的に職務にあたっていたこと、あるいは、細部に渡るデータ分析を行っていたことなど、これまで経営陣が気づかなかった社員の潜在的能力に気づく場を提供できるかもしれません。

誰しも少しは内に秘めている“承認欲求”。税理士・職員の立場だからこそ、顧問先の社員らに対し、それを満たすことを叶えてあげられる場があるはずです。徐々にでも続ければ、顧問先側の人材が活き活きとして、人材ら自らがさらなる改善行動を起こすことが期待できるでしょう。

次の月締めはいつでしょうか？　その時に、是非試してみてはいかがでしょうか。

10 顧問先の“社内文化”を感じ取る

（1）業績低迷は、悪しき“社内文化”にも起因している？

あなたが顧問先の指導・支援を続ける中で、独特な“社内文化”を感じたこと、一度くらいはあるのではないでしょうか。それらがどういったものなのか言葉で表すのは難しくても、そういった独特の社内文化が存在するということ自体は多くの人が共感できる“あるある”であり、これからもそうした社内文化が存続することは想像に難くないでしょう。

また、“社内文化”といったワードには何となく昭和気質が残るようなイメージを持つ人も多いでしょうが、それらが経営活動にも奏功していて、令和時代を迎えても存続する顧問先なのであれば、これからも持続する可能性が高く、顧問税理士が心配する必要はないかもしれません。

しかしながら、業績低迷が続き、その理由の一つにこの“社内文化”が潜在していることがあるのであれば、“文化”ではなく悪い要素なのでしょうから、払拭しなければならないでしょう。

あるいは、そこまでではなくても、“うやむやにする”、“見て見ぬふりをする”といった悪しき文化が続いているのであれば、現在は企業として存続できていても、長きに渡って“持続”することは難しいはずです。

いずれのケースにせよ、あなたの目が届く環境において明らかに悪しき要素が常態化していると思われるところがあれば、外部コンサルタントの立ち位置だからこその指導・支援策を発信する必要があるのではないでしょうか。

（２）五感を通して顧問先の“社内文化”を感じ取る

まずは、顧問先のオフィスの風景や社員らの表情を思い返してみてください。

その中で、あなたが違和感を覚えたり、不穏な気持ちになったりしたのであれば、最低限そこに焦点を絞って改善策を検討することは必要なはずです。

つまり、あなたは自身の五感でもって、何となくではあってもよくない気持ちになっているわけで、これまでどおりスルーしていけば、その顧問先は後退の一途を辿る危険性もあるかもしれないでしょう。

ここで、例を挙げます。一つでも思いあたるところはないでしょうか？

①あなたに給茶してくれるのは、女性社員のみ（あるいは男性社員のみ）である。
②役割分担があいまいである。

③事務職員が何でも屋になっている。
④整理整頓がなされていない。
⑤月次データが遅れがちである。

いかがでしょうか？　どこの企業にも散見される“あるある”だと感じた方が多いかもしれませんが、これらはすべて企業活動の上で最も重要である人的リソースが疲弊している兆候であると言えるでしょう。

つまり、適正な人員配置や人材の有効活用を怠っているため、旧態依然のやり方で一定の人が給茶をし、何でも屋になっている人がいて、肝心な本業が回っていない。精神も疲弊して、周囲の整理整頓をすることもままならない、といった状態なのです。

これまでは、外部の税理士や職員が口を挟むことなど憚れると思っている方も多かったでしょうが、今後もコロナ禍に起因した経営難が続きそうなのであれば、人的リソースに気を配らない顧問先には、かなり厳しい現実が襲ってくるはずです。

もし思いあたる顧問先があれば、あなたからレッドカードを示さなければならないでしょう。

次のページからは、細部を取り上げて改善策を考えていきます。

11　社内システムを精査する 経理の帳簿事情はいかがなものか？

(1) 経理担当者の意識を映し出す鏡？　伝票・帳簿事情

さて、皆さんが顧問をしている企業は経理の自計化が進んでいるでしょうか？

おそらく、企業規模や経理担当者のITスキル等の違いによって大体二極化されていて、自計化されている顧問先は10年以上前から会計ソフトを導入し、経営分析処理や自動仕訳システムも取り入れている一方で、そうでない顧問先はかなり昔から代り映えせず、手書きの仕訳伝票のままあなたの事務所に送り届けられている、といったケースが少なからずあるのではないでしょうか。

もちろん、“自計化が進んでいない＝悪い”といった公式は当てはまりませんが、今や経理のペーパーレス化、DX導入といった潮流が高まっています。

伝票・帳簿が昭和時代から変わらないといった事情があるのであれば、経営者ならびに経理担当者がどちらかと言えば内向き傾向にあり、世の中の動向に目を向けていないのでは？と疑う余地はあるでしょう。

しかしながら、長きに渡って紙スタイルの仕訳・帳簿を用いている顧問先には、自計化を勧めると同時に、経理担当者の意識のみならず顧問先全体の組織模様についても注意を払う必要があるかもしれません。

（2）自計化されていない顧問先には、正当な理由もアリ？　チェックリストを活用する

まずは、自計化されていない顧問先の伝票・帳簿事情について、一体どのようなリアル事情があるのか、改めて振り返ってみる場を設けてみましょう。

以下にチェックリストを用意しました。

かなり昔からあなたの事務所のシステムを使って仕訳伝票を入力し、月次試算表を作成している顧問先の実情を想像しながら、回答してみてください。

ひょっとしたら、顧問先によっては、自計化されていない正当な理由が隠れているケースもあるかもしれません。

～伝票・帳簿事情チェックリスト６点～

①経理担当者が営業・総務を兼務している。

②経理担当者は、経営者の秘書も担っている。

③ギリギリの人員で進めているので、経理専門の部署が存在しない。

＊＊＊＊＊＊＊＊＊＊

④経理の専門部署があるにもかかわらず、自計化が進められていない。
⑤経営者は経理担当者を“何でも屋”だと思っている。
⑥月次の仕訳伝票の送信締切日が守られていないことが多い。

さて、６点のチェック項目をあえて３点ずつ分けて表記したのですが、違いについてお気づきでしょうか？

おそらく既に多くの方がお気づきでしょうが、ここで説明させてください。

①〜③の項目に該当する場合、人員が足りない等の理由で経理担当者が総務・人事などのバックオフィス業務や社長の右腕として秘書も兼任しているか、あるいは経理担当者を採用するゆとりがないため、ほとんどの経理実務をあなたに頼り、ギリギリできる範囲で、旧態依然の形式である伝票・帳簿を用いているのかもしれません。

一方、④〜⑥の項目に該当する場合は、経理の専門部署が存在するにもかかわらず、業務の本質について経理担当者自身、あるいは経営者が理解していないために自計化できず、加えて、経理＝何でも屋になってしまっている状態です。

したがって、一概に経理の自計化を勧めましょうといったスタンスではなく、場合によっては、自計化ではなく別の側面からの支援策を講じる必要性があり、ここは顧問先ごとにじっくりと個別に考えて、今後はどのような経理支援をしていくべきか、検討・実践することをお勧めしたいのです。

これはひょっとしたら、次に繋がるビジネスチャンス到来と言っても過言ではないかもしれません。

それでは、次に具体策を考えていきます。

（3）自計化が不要である顧問先では、あなたが“経理担当者代理”になる？！

まずは、経理担当者が不在であるか、専門部署がない、あるいは他のコア業務も兼務しているケースから考えていきます。

第一にお勧めしたいのは、“本当にそうなのか？”と正しく疑うことです。経理の本質はまさに“経営管理者”であり、経営陣や担当部署に対して経営改善策を提案し、場合によっては自ら策を実践することが主要業務です。

つまり、自社内で経理が自計化されていないというのは、顧問先内で経営管理者が誰もいない状態であると考える必要があり、ひょっとしたら、自社の経営事情についても把握できていないかもしれないと疑う必要があるかもしれません。

たとえ、あなたが適宜財務諸表を提示しながら説明しているとしても、あまり理解できていないケースもあるでしょう。

そこで、本当にしかるべき人員がいないのか、正しく疑ってヒアリングし、実態として致し方ないのであれば、あなたが前面に出て、顧問先の経理担当者代理になることを検討してみてください。

例えば、自計化ばかりにこだわった指導ではなく、手薄になっていると感じられるところからピックアップして具体的な経理実務を行うようにしたり、経営分析結果をわかりやすく伝える工夫を練って経営陣らに発信したり、といった細部に渡る指導・支援を行うことで、これまで役割分担が不充分でバタついていた顧問先側にも精神的なゆとりができ、さらに営業やマーケティングといった主要業務に注力できる可能性も生まれるでしょう。

自計化を無理やり進めるのではなく、顧問先に適度に踏み込んで、あなたが経理担当者を担うことで、これまで可視化できていなかった部分もクリアになり、次にあなたがあたる必要がある箇所が浮き彫りになる可能性もあるでしょう。

是非、顧問先ごとに丁寧なヒアリングをして、あなたの役どころを探ってはいかがでしょうか。

（４）経理の本質について、理解がない・軽視していると感じられる場合

次に、経理の本質とは？について、理解度があまり高くなさそうな顧問先についてです。

具体的に言えば、チェックリストにも挙げたように、経理の専門部署があるにもかかわらず自計化できていない、あるいは、経理＝「計算屋さん」、「経費精算屋さん」と捉えられ

ている顧問先の場合です。

筆者の経験から言っても、執筆や講演をする中で読者や受講者の方から「経理って、経費の精算をする専門部署ではないのですか？」といったような質問を受けたことがあるので、こうした例は珍しいことではないでしょう。

ただ、“伝票・帳簿”事情というものは、経理担当者が一番それらを扱う機会がありますから、長きに渡って同じ方法を続けることに対し疑問視しないとなれば、本項のタイトルにも示したように、その実態そのものが、経理担当者の意識を映し出しているといった可能性は否めないでしょう。

もちろん、その理由は個人ベースではなく、社内全体的な組織文化が影響しているなど、諸々な背景に起因しているかもしれません。

よって、“こうすればよい！”といった方法は顧問先によって異なるのでしょうが、本書第２章では、顧問先の組織に踏み込むことの大切さについて取り上げているので、それらも読み進めながら、よりよき指導・支援策を検討・実践してみることをお勧めします。

12 顧問先内の“役割分担”はいかがなもの？

（１）顧問先内の各部署は、しかるべき機能性を有しているのか？

さて、第１章のラストは、顧問先内の部署間における役割分担についてです。

第１章の中では、顧問先の社員の方と接点を持つことの大切さや、本書の主軸でもある経理担当者の本質的な役割について触れましたが、そもそもいち社員が能動的に自社の持続経営や発展のために斬新なアイデアを発信しても、上位の役職クラスでもない限り、一人で事を成すには限界があります。

よって、社員らの個々の原動力が顧問先のしかるべき役割を担う部署間で伝達され循環していくような社内システムが構築されていなければ、いくら能力の高い社員が頑張ったところで何ら好影響が社内に及ぶこともなく、最悪の場合は、その顧問先が得られたかもしれない顧客からの支持、ひいては収益・利益が失われるのです。

また、顧問先内におけるそれぞれの部署の機能性が危うくなれば、その部署と直接やりとりのある取引先・仕入先といった外部のステークホルダーとの関係性にも溝が生じ、ひいてはますますの先細りが見えてくる危険性も否めません。

そうは言っても、顧問先内の部署について名称や役割を何となくは知っていても、コアなところまで踏み込めていないといった税理士先生・職員の方は少なくないでしょう。

長引き過ぎたコロナ禍により、大きな損失を被った顧問先も相当数あるはずです。これまでの顧問先に対する指導・支援策を俯瞰して視野を広げる意味でも、各部署の役割を確認し、その機能性に問題がないか確かめてはいかがでしょうか。

（2）その部署内の"個"は、何を担い、何を目的としているのか？

部署ごとの役割・機能の活性化が企業経営の原動力であることは既に承知のことでしょうが、さらっと述べたところで、なかなか心には刺さらないかもしれません。

なぜなら、"部署"といったワード自体がぼんやりしていて、何となく、皆の当事者意識が感じられないことがあるでしょう。

部署とは、"人"の集合体で成り立っているはずです。第２章では「組織に踏み込む」といった前提の解説も登場しますので、部署の役割について"ぼんやり"のまま通り過ぎることなく、突き詰めて考えていきましょう。

まずお勧めしたいのは、あなたが顧問をしている企業には、どのような部署があって、誰がリーダーで、これまで会社にどのような貢献を果たしてきたのか、ヒアリングして、あなたが把握することです。

そこであなたに感じて欲しいのは、顧問先の"反応"です。

おそらく、対面やweb会議などのオンラインといった方法で、直接上層部や経営陣の方に質問するケースが多いのでしょうが、相手方がどのような回答を述べるのかにより、社員らを率いる立場の方の意識、能力が丸わかりになることもあるかもしれません。

例えば、体裁的なことばかりをツラツラ述べる、あるいは言葉に詰まってしまう、といった反応があれば、危ういのは言うまでもないでしょう。

すなわち、あなたがこれまで発したことのない質問は相手方にとっても初めて問われる質問なのであり、その問いに対して戸惑うようであれば、社員らの集合体である各部署の機能性について、無頓着であるおそれがあるでしょう。

もし、あなたがわずかでも芳しくない“反応”を感じたのであれば、それを放置すべきでないのは言うまでもありません。

✓　どのような部署があるのか？

✓　誰がリーダーか？

✓　これまでの貢献度のほどは？

顧問先は、スラスラと答えられるか？
相手方の“反応”に注目しましょう。

（3）経営目線の部署に育てるには…？を検討・健闘する

次に、税理士先生・職員の視点だからこその救済策を考えていきましょう。

部署の中の“個”である社員は、直接・間接といった関わり方は異なっていても、必ず経営活動に携わっています。

もちろん、役職によってその範囲・責任の重さも違いますが、もし、そこに意識を向けていない社員がいるようであれば、上司は何らかのマネジメントを施すべきです。

しかしながら、残念なことに多くの企業（顧問先）は、一般社員にそこまで求めていないところが少なくないものです。

そこで、ここでも税理士先生・事務所の方々の出番となるのですが、あまり過保護になってもNGでしょう。

“こうすればよい！”という答えはありませんが、あなたならではの指導・支援策に焦点を絞れば、部署ごとの月次試算表をステージに上げ、次のアクションを練り、徐々にでも実践していくことで、前進が期待できるはずです。

次のページに、筆者がお勧めしたいフローを一つの例として示します。

～部署ごとの月次試算表をステージに上げた取り組み～

①当月内における部署ごとの取り組みが、具体的にどのようなものか、その結果や貢献度についてヒアリングする。

↓

②上記①が“部署別月次試算表”内のどこに影響が及んでいるのか、顧問先の上層部に適宜伝達する。

↓

③上記②について、次回から顧問先の主導により各部署に定期的に伝達するように勧める。

↓

④その後の顧問先の状況を観察し、記録する。

↓

⑤④の内容を精査して、ケースによっては顧問先の経営陣に対し状況報告をする。

↓

⑥引き続き顧問先の様子を観察しながら、あなたなりの指導・支援策を探る。

（4）部署内の人材の“個”を埋もれさせない！

部署内における人材、つまり“個”の機能性を活発化させるには、最低限、その人を埋もれさせてしまうことは、絶対にあってはなりません。

加えて、もっと先々のことを見据えた取り組みを進めようとするなどの人間ならではの向上意欲が掬い上げられているのか？　細かなところまで目配りできるのは、顧問先の内部にいる者ではなく、顧問という立場で外から客観的に見ることができるあなたなのではないでしょうか。

あなたが顧問している企業のスタッフクラスの表情を思い出してみてください。その中で、“元気がない”、“覇気がない”といったネガティブイメージが浮かんだ顧問先から、門を叩いてみてはいかがでしょうか。

そうすれば、あなたの五感・直感が効き、顧問先の部署内・部署間で“個”の力が循環する仕組みが形成される日も近いかもしれません。

第2章

本当に必要な経営支援

―マクロの視点とミクロの視点―

序　経理担当者と共に実践する！ BS & PL をベースにした経営改善策

（1）スタッフクラスの経理担当者との接点がカギ！

顧問先の経理責任者と接点を持つことはそれほどハードルが高くなく、コロナ禍以前から、月次の指導・支援の場でこれまでも直接やりとりしていたという方は少なくないのではないでしょうか。

その際､経営陣といった上層部の方とやりとりするよりも、財務知識のあるしかるべきマネージャークラスの方と、コアな話をしながら今後の予測をヒアリングする方が、専門知識を備えた人同士だからこその有益な改善策を見いだせる場面も多かったはずです。

しかしながら、未上場で中小企業に位置するような顧問先については、外部のステークホルダーからの視線が注がれる機会が薄いために、経理のマネージャーの方は経営陣の“右腕”のポジションに置かれ、自身の手腕を効かせた経営改善策を全面に表すよりも、経営陣らの方針に忠実に沿った職務を進める傾向が強いものです。

そのような経営スタイルがこれまで主流であったのであれば、日々の経営活動についてのストーリーを表す仕訳伝票・証票・財務諸表と深く接しながら自然に職務をこなしている経理担当者の方と連携を深めることの方が、その顧問先のステップアップに繋がっていくのではないでしょうか。

（2）共通ツールである“財務諸表”を活用した「原点回帰」を図る！

経理担当者との接点を設けることができる共通ツールは諸々あるでしょうが、その中でもPLやBSといった財務諸表類を用いない手はありません。

それらを中心に置いて、顧問先の現況を俯瞰し具体的な改善行動をどのようにするか検討・実践するといった様は、まさにマクロとミクロの両面の視点を活用する場面でもあり、長引き過ぎたコロナ禍による経営難からの脱却を図るためには必要不可欠でしょう。

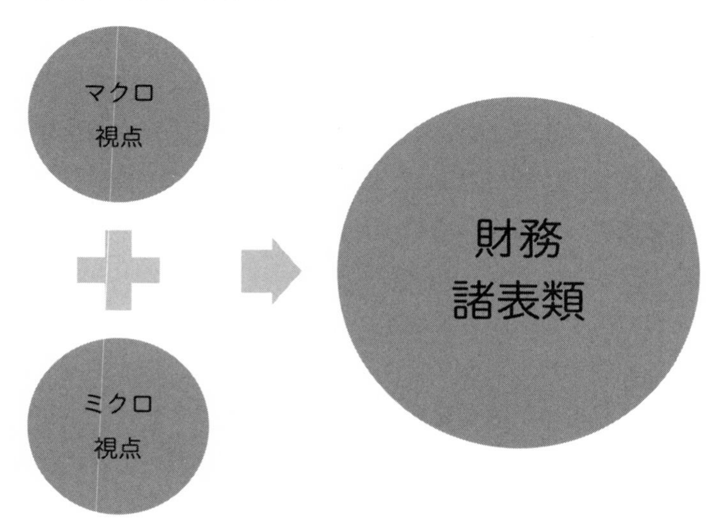

～顧問先を俯瞰し、具体的な改善行動を起こす！～

（3）自計化が進んでいない顧問先は、あなたの役どころを探る！

顧問先の中には、自計化が進んでおらず、“経理の仕事＝伝票記入”であり、月次試算表から年次申告まであなたに丸投げしているところもあるでしょう。

そのような顧問先であれば、なおのこと税理士先生や職員の方々の役どころを探りながら経理担当者と接する必要があるはずです。

なぜなら、本来であれば経理担当者は、日々取り扱っている証票類や内部での報告書類から経営活動の様子を俯瞰できる上、月次試算表の作成からデータ分析まで担うので、誰よりも早期の段階で自社の経営状況がわかる立場にいるはずなのです。ところが、こうした月次の処理をあなたに丸投げしていることにより、経営状況を把握するまでにタイムラグが生じてしまい、たとえ早急な措置を要するリスクが生じても、気づいた頃には時既に遅し…といった事態が生じるかもしれないのです。

また、第１章の中でも触れたように、経理担当者＝経営管理者なのですから、このような顧問先は経営管理を担う人材が不在の状況であると言っても過言ではありません。

すなわち、税理士先生や職員の方々は、顧問先ごとに経理担当者のレベルや担当職務を併せ見ながら、適切に指導・支援することが肝要になるでしょう。

例えば、第１章でも記述したように、あなたが経理担当者となって、すなわちその顧問先の組織内に踏み込んで経営管理を担うことも選択肢の一つでしょうが、それよりも、経理担当者の潜在能力を掬い上げながら適切な実務指導を行うなど、後押しをする役割を担う方が、その人材の育成に繋がり、ひいては顧問先の将来的な発展にも繋がるのではないでしょうか。

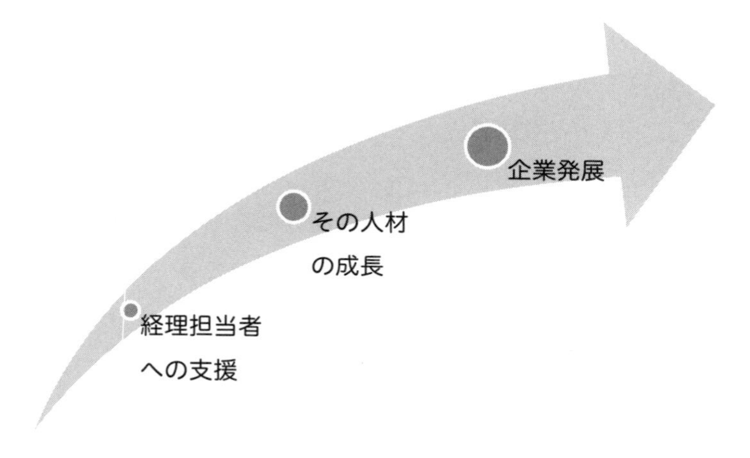

次の項からは、BS（貸借対照表）とPL（損益計算書）を用いた具体的な支援策を記述していきます。

税理士先生や職員の方々の十八番でもある財務諸表類を中心に置いて、顧問先ごとに、あなたの役どころを探ってみてはいかがでしょうか。

1 “マクロ＆ミクロ”二つの視点を持ち合わせての指導・支援策とは？

（1）上空から顧問先を俯瞰する

本書はまだ五合目にも到達していませんが、おそらくあなたは第１章までに目を通しながら、これまでのコロナ禍の間に行われた顧問先とのやり取りや、経営数値、あるいは顧問先の経営陣や社員らの様子を思い浮かべ、今後の事務所の在り方、指導・支援策の進め方をどうするか、検討しているところではないでしょうか？

さて、ここから第２章の皮切り部分に入ります。このページでは、やや高めの位置から顧問先について見ていくことをお勧めしていきます。

と言っても、決して“上から目線”といった意味ではなく、“上空から俯瞰”するイメージです。

すなわち、顧問先の経営陣や社員らの様子、オフィス内のレイアウト、伝票・帳簿類といった現実的な三次元空間を見つめることばかりではなく、上空の位置から、顧問先がどのように社会と繋がっているのか改めて見直してみる、ということです。

以下に図を用意しました。こちらを使って、上空から、あなたの顧問先を一件一件、俯瞰するようなイメージで見直してみてください。

おそらくすべての顧問先は、業態や規模にかかわらず、国・地域、顧客、仕入・取引先、社員といった様々なステークホルダーと繋がっているはずです。

今さら感を持つ人もおられるでしょうが、こうした関係性を未来に繋げて、どのように維持、あるいは発展させていくべきか検討し、実践するといった原点回帰を念頭に、これからも顧問先と向き合うことをお勧めしたいのです。

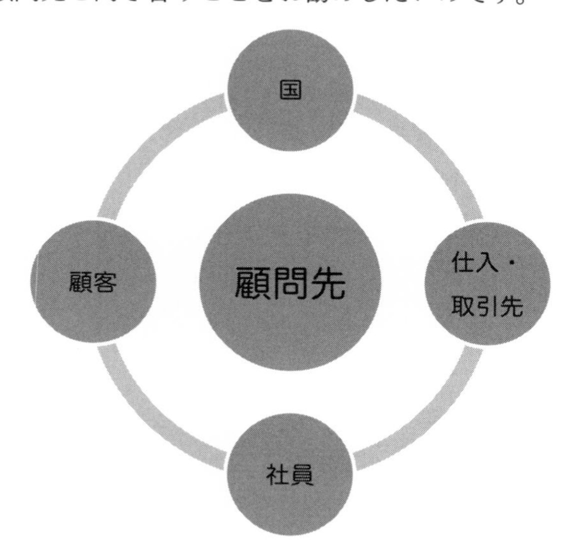

（２）経営をする上での“原点回帰”を促す

コロナ禍は、日本国内における多くの財力を奪い去りました。2020年のGDPは前年度比マイナス4.6％で、リーマンショック時を上回る経済損失です。

こうした未曾有の事態を受け、多くの人々は悲観的な感情にならざるを得なくなり、中には廃業や失業を余儀なくされるなど、言葉では言い表せないような、計り知れないほどのつらい現実もあったはずです。

しかしながら、世の中の事情がどうであれ、これからも、企業経営に携わる立場にいる人はどのような人間であれ、当事者意識を持って真っ当な経営策を講じなければならないことは、言うまでもなく当たり前のことのはずです。

すなわち、顧客から選んでいただき、収益・利益を生み出し、しかるべき納税をする。

文章にすればわずか２行で終わることですが、この生業をする人間がやるべきことを、日常的に継続させているのか？あるいは、やろうとしているのか？　また、こうした要の“原点回帰“に対して、顧問税理士と職員の方は、どのような立ち位置でもって有効的に指導・支援策を浸透させるべきなのか？　一度ニュートラルになって軌道修正するべき箇所がないか探ることは重要でしょう。

第１章の中でも触れたように、時にシビアな物言いをするのは自然なことですし、長引き過ぎたコロナ禍も影響した世の中の経済事情により人々は疲弊しているのですから、企業経営を担う人は、しかるべき使命を持って本業に邁進するべきでしょう。

よって、もしもコロナ禍以前から経営状態が危ぶまれていて、今日においても運よく生き残っている顧問先は、経営努力をした故のことなのでしょうが、それでも今なお経営方針を変えることなく、相変わらずのルーティンを続けている顧問先の存在があるのであれば、あなたの指導・支援の在り方を変革する必要があるかもしれません。

まずは、顧問先に対して、ミクロ的な現実と共に、マクロ的な影響についても目を向けてもらうようにする方法を検討してみてはいかがでしょうか？

（３）経営陣のタイプに合わせて“マクロ視点”を促す！

そうは言っても、税理士先生や事務所の職員の方々が顧問先に対し、前述した原点回帰についてマクロ視点からステークホルダーとの繋がりを淡々と語ったところで、現実的なミクロ視点で経営策を講じている経営者からすれば、「当たり前でしょう！」「それよりも、ウチはこうだから…。こっちを優先しないと！」といった気持ちになるのが関の山でしょう。

そこで有効な方法は、顧問先に対して一様に同じ方法で促すのではなく、経営陣のタイプに合わせたやり方を検討して実践することなのです。

第１章の中でも触れましたが、その経営者が日頃から活用する“ワード”や主語の使い方に注目すれば、その人に相応しい話し方や接し方が見つかるのではないでしょうか。

例えば「自社」「わが社」といったワードが頻出するのであれば、どこかしら、“ウチは特別だから…”といった潜在意識があるのかもしれません。

であれば、まさに「自社」「わが社」の発展・持続経営のため、具体的な商品開発の予定や顧客の掘り起こし計画の有無についてあなたから質問して、具体性のほどを探り、それらが世の中の影響をどの程度受けるのか、語ってもらうようにするというのも方法の一つです。

あるいは、「社員」といったワードを多く口にする経営者であれば、社員を軸にした経営を進めている可能性が高いでしょうから、社員らにどのように成長・貢献してもらうのか、また、自社内のみならずさらに広い視野を持っての未来像を描いているか否か、話を傾聴してみるのもよいでしょう。

あなたが工夫を凝らした接し方をすることで、顧問先ごとの不充分な箇所が見つかり、あなたの次に指導・支援すべき箇所が見えてくることもあるのではないでしょうか。

もちろん、急に顧問先全員が“マクロ視点”を持つようになるのは難しいかもしれませんが、徐々にでも進展させていくようにすれば、一年後はかなり違うはずです。

２　“原点回帰”のスタートは、真の意味での「棚卸」から…

（１）資源・資産の棚卸を進める

企業の使命の一つに収益・利益を上げることがあります。

この章では、経営の“原点回帰”ということをテーマとしています。上記の一文を読んで「え？今さらこんな基本中の基本から…？」と思われた方も多いことでしょう。プロフェッショナルである税理士先生・職員の皆さまに対して、まさに「釈迦に説法」を地で行くようで汗顔の至りではございますが、原点を見直す上での大前提を確認するという意味で、これ以降も、あえて基本的なことに触れているところがございます。ご了承ください。

何度も触れたように、「モノ」を仕入れ、「ヒト」の活動によって付加価値を上げて、顧客へ納品し「カネ」を生み出すサイクルが長引き過ぎたコロナ禍によりこれまで通りにいかなくなったり、「モノ」・「ヒト」・「カネ」の内いずれかの機能性が負の影響によって悪くなってしまったりと、様々な理由によって収益・利益を上げることが困難になり、お金を生み出しにくくなった企業は多いでしょう。

しかしながら、そのような現状において、「マーケティングの手法を見直し売上を上げましょう！　頑張りましょう！」と声高に伝えたところで、顧問先の心には届かないでしょうし、むしろそんなセリフを口にすることで、反感を買って顧問先の心を閉ざしてしまうかもしれません。

そこで、まずは顧問先の経営資源と資産について、棚卸を進めてはいかがでしょうか？

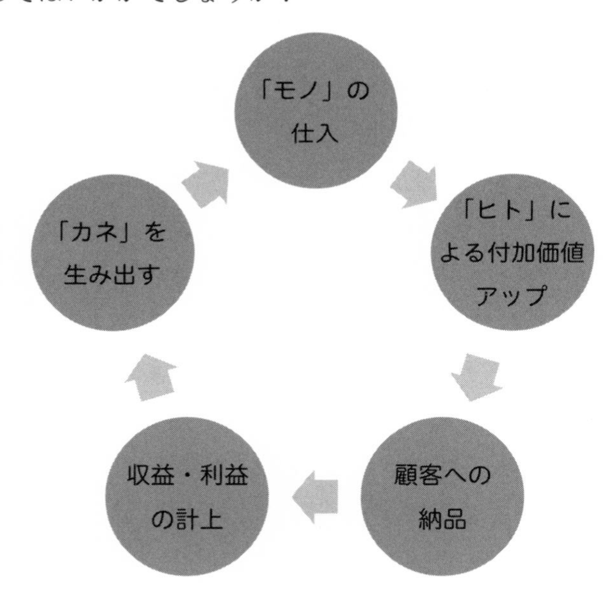

企業としての使命にあたるサイクルは
うまくいっているのか？“原点回帰”の勧め。

（2）BS 上の数値を自社の現状を知る契機に！

言うまでもなく、ここでの“棚卸”とは、会計上の実地棚卸といった定量的評価ではなく、顧問先内の経営資源・資産の中身がいかがなものなのかといった定性的評価です。

すなわち、顧問先内の経営資源にあたる「モノ」・「ヒト」・「カネ」の息づかいが感じられるのか？　そして、コロナ禍が始まるより前の創業当初から形成されてきた資産価値は充分なものなのか？

顧問先の経営陣らがきちんと現状を客観視し、未来に向けた何らかの経営方針が決まっているか否か、第三者的な外部コンサルタントの立ち位置でもある税理士の視点からシビアに見定めることが肝要なのです。

Check1：経営資源→「モノ」「ヒト」「カネ」の現況のほどはいかに？
Check2：創業当初から形成されてきた「資産価値」のほどは？

さて、その方法ですが、ここは“BS”、つまり貸借対照表の出番です。

顧問先のBSを机上に広げるか、あるいはパソコンの画面上に示して、まずはあなたから解説し、次に顧問先の経営陣や経理責任者・担当者から、現状の推移やその背景についての生の声を掬い上げてみてください。

具体的なコツですが、ポイントは「ヒト」についてです。

経営資源にあたる「モノ」には棚卸資産や固定資産などが

あるでしょうし、「カネ」は言うまでもなく流動資産です。これらは貸借対照表上に計上されているので、あなたが解説する際、明細表も紐解きながら具体的な品名・資産名、そして金額を説明した後、顧問先に対して、これらが生み出された背景・ストーリーがどういった内容だったのか、誰が行ったのかなど「ヒト」を軸とした質問をして、その答えを傾聴することで、相手方は当時を振り返りながら、今後の方向性を模索するような説明を展開してくれるでしょう。

ただ、「ヒト」については、言うまでもなく現状の会計法ではBS上に計上されません。しかし、これもやり方を工夫することで、経営資源として見つめ直すきっかけを作ることができます。

例えば、顧問先の主力商品・サービスの販促活動や売上の集計・推移分析を行った「ヒト」について、あなたが興味を持つ姿勢で、どんな社員が従事し、どのような成果を上げたのか質問してみる、あるいは、あなたから顧問先の人件費データの推移を示して、これらの変動に対して社員らが生み出した収益・利益のみならず実際に社会に及ぼした影響について質問して、顧問先の経営陣に具体的に回答してもらうなど、方法は幾通りもあるでしょう。

このような方法での“棚卸”をすることで、顧問先は当時のストーリーを思い出し、未来における活動策をどうするか検討してくれることも期待できるでしょう。

筆者の周囲にいる個人事業主や企業経営者からは、「ウチの税理士先生は、月次の試算表を送ってはくるが、何も説明がない…」、「難しい説明ばかりで、よくわからない…」といったセリフが時折聴こえてきます。

もちろん、こういった事態はごく一部で、本書を手に取っているあなたには当てはまらないでしょうが、顧問先の原点回帰に寄り添うために、経営資源・資産の棚卸のためのツールとして、月次のBS等を活用することは有効ではないでしょうか。

是非、本項の記述を参考に、実践してみてください。

3 マクロ＆ミクロの視点での“組織”活性化

（1）顧問先の“組織”に踏み込むことも、時には必要

コロナ禍前であれば、税理士先生・事務所の職員の方々は、定期的に対面での指導・支援を行っていたことでしょう。そして、コロナ禍の完全なる終焉は訪れなくても、ようやく元の状態に戻ろうとする人々の熱量が伝わってくるように感じられる、今日この頃であります。

しかしながら、コロナ禍により収益・利益あるいは資産や経営資源等々が失われたのであれば、単にコロナ禍以前の状態に戻すのではなく、指導・支援策を見直し、さらに踏み込んだ方法であたる必要があることは、既に前章において触れた通りで、本書の中でこれからも力点とする箇所です。

よって、“マクロ＆ミクロの両方の視点での原点回帰”についての意味をさらにかみ砕いて具体的な実践をする必要があり、その方法として、顧問先の組織に適切に踏み込むことも、時には必要になってくるはずです。

コロナ禍前の対面型指導・支援の中で既に取り入れていた方もおられるでしょうが、その方法に軌道修正するべき箇所がないか探り、よりよい策を講じるためにも、本項を読み進めてみてください。

（2）人材に関係する制度は整っているか？

第１章でも触れたとおり、組織は人によって構成されています。よって、経営の原点である、収益・利益を上げてしかるべき納税をするといったフローを当たり前にするには、その部署内で誰がどのような役割を持って、何をして成果を挙げようとしているのかが明確でなければなりません。

言い換えれば、組織内の社員ら一人一人が自社の外部環境を冷静に俯瞰し、自身が存在する自社内部においてあたるべき使命が明確になっていて、ひいては、その使命の遂行による貢献度がどのように評価に影響しているのか、といったことが明確化されていなければ、“原点回帰”は単なる体裁ばかりで終わってしまいます。

そこで、まずあなたが行うべきことは、顧問先ごとの人材に関係する制度について、きちんと整備されているのかチェックすることでしょう。

例として、チェックポイントを以下に示します。

～人材に関係する制度についてのチェックポイント～

①月次の財務諸表類は社内でオープン化されているか？
②人事考課の各指標は、考課を受ける社員らにもオープン化されているか？

③社員研修の内容の中に、財務諸表の見方が含まれているか？
④管理職に対する研修は設けられているか？
⑤パワハラ、セクハラ防止の委員会等は設置されているか？

「人材に関する制度に顔を突っ込むのは、社労士の仕事では…」と思われた方もおられるかもしれません。

しかしながら、最も重要な経営資源である人材についての制度です。あなたのビジネスパートナーに社労士がいれば、もちろんその方と連携を図りながら整備することが望ましいでしょうし、たとえ周囲に人材に関する専門家が不在、あるいは顧問先内に人事部といった専門部署もなく、なかなか完璧に整えることが難しい状況であるとしても、あなたの出番について検討し、実践することが必要でしょう。

例として挙げた５点のうち特に①～③については、繰り返しになりますが､企業内の経営資源の中で最も重要な「人材」について、自身が自社の経営の中でどこに貢献してきたのかを示す指標でもある財務諸表と、自身に対する正当な評価制度である人事考課に関することであり、不備を放置していれば“原点回帰”はできないでしょう。

財務諸表	人事考課
・オープン化されているか？ ・社員研修の中に盛り込まれているか？	・オープン化されているか？ ・自身の貢献度の評価指標として機能しているか？

整備のための方法は、その顧問先の業態や規模により様々でしょうが、同業他社で実際に行っている方法を紹介したり、事務所の職員の方も加わって現場視点でのプロジェクトチームを結成したり、適宜、進捗状況についての報告会も設けるなど、具体的に実践にあたることが肝要でしょう。

～人材に関する制度整備の方法例～

①同業他社が実際に行っている方法を紹介する。

②事務所の職員の方も加わり、プロジェクトチームを結成する。

★定期的に進捗状況の報告会を設けるなどして、具体的な実践に取り組みましょう！

（3）人材に掛かるコストの再発生を抑える！

人材に関するシステムに不備が生じている顧問先があれば、経営資源の中でも最も重要な要素を腐らせていると言っても過言ではないので、無視はあり得ないでしょう。前述の手法を参考に実践することで、顧問先側の“組織”もようやく機能改善への道が切り開かれるはずです。

また、そのような状況の放置は、ロボットではない「人」それぞれの多様性や価値観、感情を有した生身の人間の精神における疲弊を生み出し、ひいては、その企業からの離職を招きます。

もちろん、離職は一概に悪いことではなく、その人材にとってのステップアップであれば送り出すべきでしょうが、自社内のシステム不備による離職であれば、会社の将来にマイナスが生じますから、防がなければなりません。

再び採用や面接、研修といったコストが発生するわけで、それらの担当者にとっても負担が増えることになるのです。

こうした負の連鎖を極力抑えるためにも、税理士先生・職員の方々の具体的な支援は必須なはず。是非、一歩踏み出してみてください。

～負の連鎖を抑えるためにも、放置はNG～

（４）顧問先の社員らの自主性を高める期待ができる

税理士先生や職員の方が顧問先内の組織に踏み込むといった具体的な指導・支援は、これまであまり例がなかったのではないでしょうか。

しかし、ようやく対面での指導・支援が可能になりつつある今日この頃、単にコロナ禍前と同じ状態に戻すのみでは、さらなる前進には繋がりません。

ここを二度とないチャンスでもあると捉え、あなたなりの方法を見つけて組織内に踏み込む策を講じるのは、相手方である顧問先の社員からすれば、新鮮な出来事でもあるでしょう。よって、場合によっては反感を買うケースも考えられるでしょうが、あなたからキチンとした説明をする姿勢があれば、大抵は徐々に理解されるはずです。

また、あなたの具体的な一歩は、顧問先の職場内において活気がみなぎる環境整備にも繋がるかもしれず、社員らの自主性を高める期待もできるでしょう。

まずは、本項で述べたとおりチェックリストを用いて、顧問先ごとの状況確認を急いでみてはいかがでしょうか。

4　経理担当者の“本業”を注視する

（1）経理担当者は“本業”にあたっているのか？

本書のタイトルや“はじめに”でも触れたように、筆者は経理担当者にスポットを当てた取り組みを推奨しております。

第1章では経理担当者が取り扱う帳簿類を取り上げ意識のほどを探るという解説をしましたが、顧問先内に経理の専門部署があるのであれば、“経営管理者”を担う彼ら・彼女らとできるだけ接点を持って連携しながらの指導・支援を講じることは、もはやスタンダードであると捉えてはいかがでしょうか。

その理由は言うまでもなく、経理担当者がまさに現場において、仕訳入力や試算表作成を通していち早く経営状況を把握できる位置にいるからです。

すなわち、顧問先の現場事情をよく知る経理部の担当者らと共に、課題を掘り起こしたり、組織内の不具合にメスを入れて効き目のある経営改善策の発信をしたり、といった具体的な改善行動をとることによって、効率的に好影響を与えることが期待できるのです。

特に、コロナ禍により経営被害を被った顧問先に対しては、実行しない手はないでしょう。

ただ、実際の現場において、経理担当者がどのような実務を行い､役目を果たしているのかは､顧問先により様々でしょう。

まずは、ここをしっかりと押さえて、もしも危うい箇所があればあなたが適宜メスを入れ、経理担当者が本業に邁進できるように支援してはいかがでしょうか。

ウィズコロナ時代の幕開けと共に顧問先が少しでも前進するためにも、あなたの役目は貴重なものかもしれません。

（2）本業の中身と、あなたの出る幕とは？

まずは、既にご存知のことでしょうが、そもそも経理担当者が担っている業務を振り返ってみましょう。

規模や業種により異なるでしょうが、一般的な業務を以下に示します。

～経理担当者の業務～

①経費精算

②現金・預金管理

③月次試算表作成

④予算・実績管理

⑤資金繰り

⑥事業計画策定

いかがでしょうか。もちろん、経理担当者のレベルにより難易度の高低はあるでしょうが、大事なのは、いかなる仕事であっても自社の経営活動のどこかに必ず繋がっているという事実を本人が意識しているか否か、ということです。

よって、"何をしているのか"ばかりを注視するのではなく、"自身の仕事は、自社の経営の中で何と繋がっているのか"、"どのような場面で貢献しているのか"を、担当者自身がきちんと語ることができるのか確認することが肝要でしょう。

例えば、先に例として掲げた「①経費精算」を取り上げれば、単に領収書と経費精算書を突合させ、精算処理を終えた後に仕訳入力をするといったフロー自体は、定型的な業務にすぎません。

つまり、本質はそこではなく、発生した経費が実現されるべき収益に見合うものなのか、リスクは少ないのか、など充分な精査をすることであり、将来的に自社の利益や顧客満足度向上、ひいては納税といった社会貢献に繋がるものであるはずなのです。

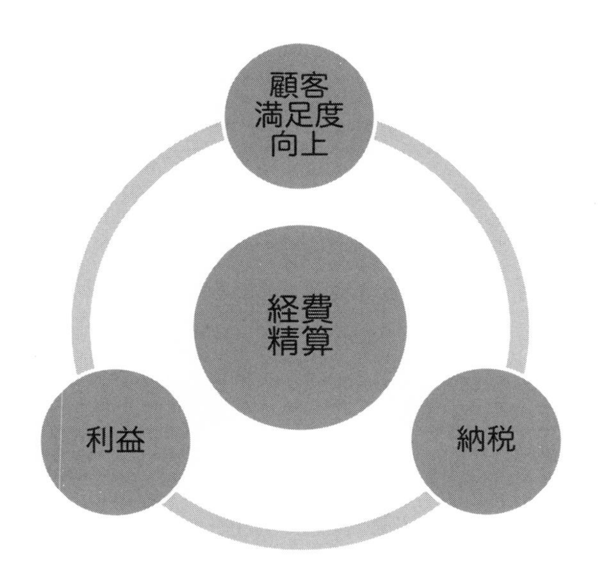

（３）あなたができることとは？

もし危うい箇所が感じられたら、放置は厳禁です。まずは経営陣らに現状を正しく伝達することが基本でしょうが、経理担当者ら本人に対しての指導・支援策も検討する必要があるはずです。経営陣や経理担当者らの上司に現状を伝達したところで、経理に対しての正しい認識ができていないような上層部であることも、案外少なくないものです。

あなたなりに指導・支援策を検討して、課題解決にあたってはいかがでしょうか。

以下にお勧めの方法を示します。

～経理担当者に“本業”を担ってもらうための方法～

①経理の本業と“それ以外”の業務を明確化させる

例：“それ以外”の業務をピックアップし、必要性の有無を精査したり省力化を図ったりするなど、本業に集中できる時間を増やすアイデアを練る。

②“現物”を示して、“繋がり”を実感してもらう

例：決算書や法人税等の申告書等といった“現物”を示して、担当業務と経営活動との繋がりを実感してもらう。

③他部署との連携を進めて、幅広い視野を持って仕事に取り組んでもらう

例：人事部や総務部といった他部署との連携を進めて、人的・物的コストの推移を発信するなど経理データのオープン化を図り、他部署にコストの有効活用を浸透させる。

いかがでしょうか。経理担当者の仕事現場に踏み込んでの支援は、顧問先にとって将来的な収益・利益・キャッシュを生み出す契機にも繋がります。

つまり、経理担当者の現場改善といったミクロ視点から、顧客や社会への貢献といったマクロ視点の両方を併せ持つ土台を形成する、“原点回帰”へのスタートであるとも捉えられるのではないでしょうか。

次項から、財務諸表にスポットを当てた“原点回帰”策をお送りしていきます。

5－① 経理担当者と進める＆勧める！ その１　棚卸資産の管理方法の見直し

（１）商品・サービスの“ネタ”の管理方法はいかがなものか？

本項の皮切りに、BS・PLの上位に堂々と君臨する棚卸資産、仕入原価の管理について記述していきます。

「原材料」「仕掛品」「半製品」など、棚卸資産の種類は様々あります。いずれにしても、商品・サービスとして顧客に提供するための大切な“ネタ”でもあり、企業内で管理する上でも、ある程度の緊張感を持ってしかるべき担当者があたっていることでしょう。

よって、棚卸資産の管理方法について綻びが感じられるのであれば、顧問先の顧客に対する敬意について疑問視する必要があるでしょうし、綻びを放置したままでウィズコロナ時代に対応していくことなど困難であるはずです。

すなわち、ここの部分がまさに顧問先の経営姿勢を映し出す鏡なのです。税理士先生や職員の方々は、経理担当者と共に、現行の状態で管理方法に課題・問題がないのか確認することが肝要でしょう。

(２) “受け払い”の現状確認からスタートを切る！

まずは、棚卸資産について、実際の受け払い方法がどのようなフローで行われているのか、現状確認からスタートを切りましょう。

顧問先の業種や規模により、払い出す“モノ”は異なるでしょうが、着目するべき箇所に違いはあまりないはずです。

基本的なチェック項目になりますが、以下に示します。

～棚卸資産管理のチェック項目～

①払い出しのルールは決められているか？
②“承認者”はきちんと機能しているか？
③適正在庫は決められているか？
④製造原価などの実績データはオープン化されているか？
⑤棚卸資産が管理されている現場は整理整頓されているか？

筆者がとある老舗の和菓子メーカーの経営者に取材した際の話です。そのメーカーには経営状況が悪化していた時期があり、その時期は、材料の払い出し管理を一人の担当者に任せていたのだそうです。このような棚卸資産の管理についての軽視が、経営難を引き起こしたのだと語っていました。

つまり、私が掲げたチェック項目の５点は、正常であればごく当たり前のこととして機能しているはずでしょうが、中にはその“当たり前”がどこかで、何がきっかけなのかわからないところで崩れてしまい、形骸化しているケースがあるかもしれません。

特に筆者が懸念している箇所は、④の実績データのオープン化ができているか否かです。

これができていないということは、担当者自身が誠心誠意あたっていることの貢献度が社内に知らされていないという事実であり、顧問の立場であるあなたにとっても容認できないことではないでしょうか。

棚卸資産の管理は、企業の経営管理の中でも原価に関わる重要箇所です。また、現場社員が大いに関わっているところなので、軌道修正すべき点を放置すれば、他の財務面においても企業の現場にて活躍している社員らの貢献を無視することに繋がりかねません。

しっかりと見直して、適宜善処する必要があるでしょう。

（３）経理担当者と“現場”の橋渡し役を担っては？

顧問先が顧客へ商品・サービスを提供するための資源にあたる“ネタ”の管理方法については、既にほとんどの顧問先がしっかりと整備し、実践しているはずでしょう。

よって、この項については読み飛ばす方も多いかもしれませんが、わずかでも引っかかりがあるのであれば、そこに焦点を当てて、改善へ向けて顧問先を導く必要があるはずです。

そこで、顧問先の経理担当者とどのようなスタイルで共に行動していくのが相応しいのかについてですが、一つお勧めしたいのは、経理担当者自身が棚卸資産が変動する現場との距離を縮め、よりよい関係性を築けるように税理士が橋渡しをすることです。

たとえ歴史の長い顧問先であったり、先進的な経営方針が掲げられている顧問先であったとしても、大昔から蔓延っている好ましくない空気や感覚によって、事務方と現場との間に距離がある企業は少なくないものです。それが故に原価管理が甘くなっているところ、実はあなたも感じているのではないでしょうか。

言葉はよくないかもしれませんが、同じ企業に長年働いていれば、悪しき企業文化にも気づきづらくなり、いつの間にか社内ルールが機能していないことすら“当たり前”だと思ってしまうものなのです。

そのような環境下で、第三者である外部コンサルタントの位置にいる税理士先生や職員の方々が一石を投じて、経理担当者の役割をはっきりさせることで、経理担当者と棚卸資産の管理者との連携が生まれ、徐々にニュートラルな状態に近づいていくはずです。

まずは、経理担当者に対し棚卸資産・原価管理に関するデータを見せて、払い出し表といった現物と照らし合わせ、その顧問先にフィットした役目について、できれば現場の管理者も交えながら、話し合ってはいかがでしょうか。例えば、払い出しの場面でのダブルチェッカー役や、原価推移の情報発信役など、アイデアがあふれ出てくるのではないかと思います。

現場視点を活かすことで、あなたの具体的な行動は効き目を増していくはずです。机上のアドバイスからの脱却を図ることができる絶好の機会を逃す手はないでしょう。

是非、一歩を踏み出してみてください。

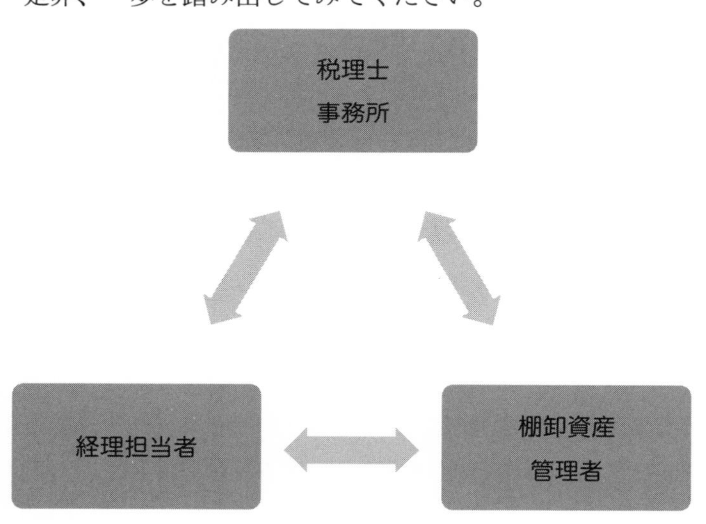

～経理担当者と現場管理者との橋渡し役を担っては？～

Ex: ①経理担当者に“ 現場 ”に踏み込むようなアドバイスをする。

②経理担当者に棚卸資産・原価管理に関連する払い出しのダブルチェッカー役を勧める。

③経理担当者に原価推移についての情報発信役を勧める。

5-② 経理担当者と進める&勧める！
その２　現預金管理の本質

（１）経営活動をする上で要の現預金管理はできているのか？

企業の経営活動をする上で欠かすことができない資源の中に、現預金があるでしょう。

一番重要な経営資源である人材が、それぞれの使命にあたる業務に誠心誠意邁進し、収益・利益を上げて、最終的にどれだけのキャッシュを生み出したのか？　ここの部分が重要視され、企業の大切な指標となるべきなのですが、現預金自体は生み出された理由によって色分けされているわけではなく、経理担当者が担う部分は、毎月のルーティンワークの一つとしての単純な入出金・残高管理となってしまっていることが一般的です。

もちろん、手提げ金庫内の現金と出納帳上の残高とが一致しているか突合作業をしたり、振込処理や顧客からの入金処理をしたりといった業務自体は企業経営を回す上でとても重要なのですが、経営状況を判断すること、すなわち現預金の増減推移やその背景について分析する、といった部分がしっかりとなされているのか、税理士先生や職員の方々は再確認をする必要があるでしょう。

人材の潜在能力の活性化に繋げる意味でも、直接的に実務にあたる経理担当者に対して、適切に接しながら、よりよい職務遂行が可能になるような指導・支援を模索、実践してみてはいかがでしょうか。

（２）ミクロ視点＆マクロ視点による現預金管理

現預金管理は、実務者と管理者の立ち位置・レベルにより、ミクロとマクロの視点の使い分けで自然に役割が決まっているのでしょうが、筆者が懸念するのは、“マクロ視点”での職務を担う人が本当に存在しているのか、という点です。

以下に“現預金管理の２パターン”と題して、例を挙げました。

～現預金管理の２パターン～

①ミクロ視点による現預金管理

（ⅰ）手提げ金庫内にある現金と出納帳残高の突合

（ⅱ）仕入先・取引先等への支払い

（ⅲ）顧客からの入金管理、売掛金の消し込み

（ⅳ）現預金の払い出しについての仕訳処理

②マクロ視点による現預金管理

（ⅰ）現預金の増減の推移を精査、理由分析をする

（ⅱ）キャッシュフロー表を読みこなし、自社の課題・問題点を抽出する

（iii）上記（ｉ）（ii）について、関連部署や経営陣に
　　情報発信し、状況によっては改善案を提起する

（3）経理担当者に対し、経営参画者としての“気づき”を提供する

上記で例を挙げた“ミクロ視点”の業務も、前述したように企業運営をする上で重要かつ大切な仕事です。正確に、大切にあたるべき事柄であり、決して欠かすことのできない仕事です。

しかし“マクロ視点”での職務を担う人材が不在、あるいは心もとないと思われるのであれば、筆者が税理士先生や職員の方々に対しお勧めしたいことは、日常のルーティン業務の中で、顧問先の経理担当者が経営活動に携わっているという事実について“気づき”を提供することなのです。

単なる払い出し処理、残高管理を済ませ、照合できれば終了！といった仕事ぶりでは、言うまでもなくそれらに従事する人材の成長自体が危ぶまれることであり、ひいては、その顧問先企業が発展・繁栄を維持することも難しくなってくるはずです。

税理士先生や職員の方々は、顧問先の経理担当者がルーティンワークであるミクロ視点の仕事からマクロ視点の仕事にシフトできるような、サポーター役を担ってみてはいかが

でしょうか。

そうは言っても、顧問先によってはギリギリの人数の体制で回しているところもあるでしょう。しかしながら、理想論として片付けてしまっては、この先の進展はありません。

例えば、ミクロ視点であたっている定型業務については、具体的な方法について経理担当者からヒアリングして、効率的な策の有無を探ったり、課題・問題点をあぶり出したり、IT 化・DX 化を勧めます。あるいは、現預金の管理簿にあたる出納帳や、預金払い出し表といった現物にあたるものと、月次の財務諸表類やキャッシュフロー表とを突き合わせ、担当者自身が関わっている箇所について理解してもらうようにすれば、生産性が向上するばかりではなく、これまでとは異なる経営管理者としての視点で定型業務にあたるようになることも期待できるでしょう。

また、さらに踏み込んで、現預金の増減についての具体的理由を担当者自身に探ってもらうなど、あなたが適宜次の課題を提供し、アドバイスすれば、担当者自身の仕事に対しての誇りや喜びが増すこともあるはずなのです。

～生産性 UP と経理担当者の意識向上を図る！～

①定型業務については、IT 化・DX 化を勧める

②出納帳類＆キャッシュフロー・財務諸表類を広げて、自身が担当している箇所について理解してもらう

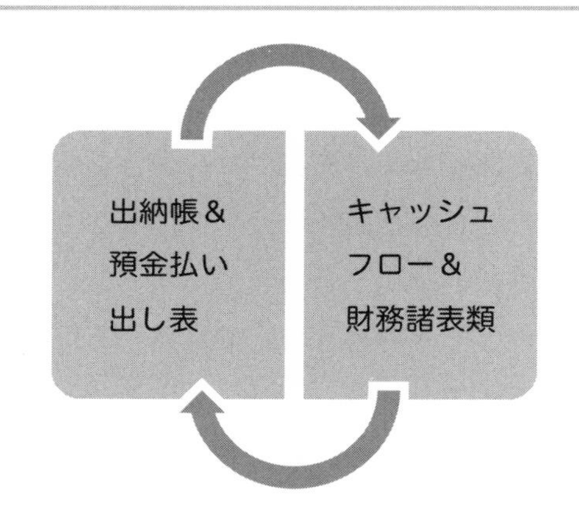

★現預金の増減理由を探ってもらうなど、次の課題も提供する！

多くの人は、現預金の流れのことを人間の血流にたとえ、企業経営の中で最も重要視するべきことと唱えています。

ただ、実践する側の経理担当者からすれば、日々のミクロ的な業務のことで頭がいっぱいで、ピンとこないケースがあるかもしれません。

こうした事実を一番実感できる位置にいる経理担当者への

指導・支援策は、数多くあるはずです。

是非、本項を参考にして、あなたならではの方法を実践してみてください。

5-③ 経理担当者と進める＆勧める！ その３　売上管理との向き合い方

（１）“今さら感”はないか？　売上管理について

企業の業態や規模にかかわらず、“売上”を注視しない経営者はほとんど存在しないはずです。

ただ、経営年数が長い老舗企業や、販売・提供数が安定している主力商品が存在する企業の場合は、売上管理自体についての課題・問題点の有無について議論し合う場を設けることがほとんどないのが実情ではないでしょうか。

その理由は、売上高が安定しているか、そうでなくとも、ギリギリ何とか経営を持続できているから、のどちらかに大別できますが、長引き過ぎたコロナ禍において“安定”し続けていた企業はごくわずかで、中には売上高が激減してしまった顧問先の存在も少なくないはずです。

まずお勧めしたいのは、顧問先の経理担当者に対し、これまでの売上管理方法を正しく疑い、増収に繋がるような管理方法へとシフトしていく指導・支援策を提供することです。

具体的な手順については、以降を読み進めてください。

（２）“記帳・集計担当者”からの脱却を図る！

企業規模や経理が自計化されているか否かにかかわらず、顧問先は、必ず何らかの方法で売上管理を行っているはずです。

売上管理の方法は、昔から慣れ親しんでいる手書き型の伝票スタイルや、エクセルを活用して月次・年次の集計管理をするなど様々でしょうが、その方法をなぜ採用しているのか、という理由については、筆者の経験から言えば、“前任者から引き継いだやり方だから…”か、あるいは“社長が見やすい形式だから…”といったケースがほとんどのようです。

よって、売上管理の方法もまた、経理担当者の意識を映し出している鏡と言っても過言ではなく、メスの入れどころが潜在している可能性があるでしょう。

例えば、従来型の帳簿の記帳係として、商品名とその単価×販売数＝売上高といった記録を取り月次・年次集計をすることは、経理担当者としての大切な使命なのでしょうが、分析したり、推移や傾向をプレゼンしたりといったアウトプットにまで及んでいなければ、警鐘を鳴らす必要があるのは言うまでもありません。

そこで、税理士先生や職員の方々は、経理担当者が売上管理の伝票やデータ類といった現物にこれまでどのようなスタンスで臨んでいたのか、確認する必要があるでしょう。

コロナ禍による業績悪化からＶ字回復できるか否かは、まさに経理担当者の今後の活動により大きく左右されるかもしれません。

まずは、「どのような方法で」、「目的は何か」、「どの場面で貢献できているのか」といった質問を経理担当者に発信し、その答えを傾聴してみてください。

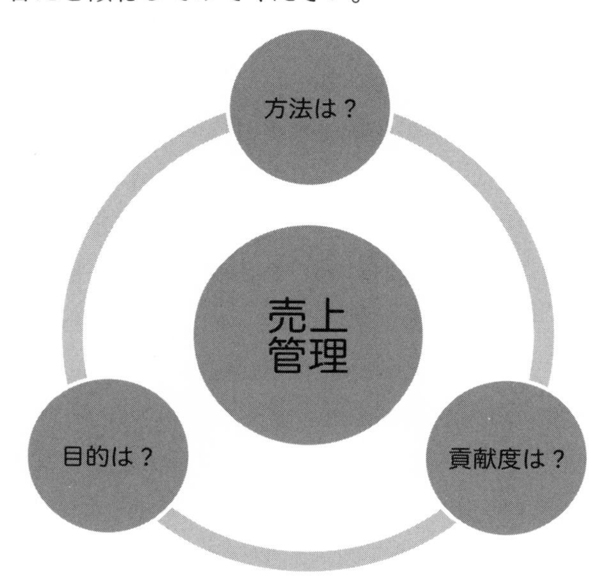

経理担当者に適切な質問をして、
現況をくみ取る

もしも難が見つかったのであれば、担当者ごとに売上管理の本質に沿った方向へと導き、前述したように、増収に繋がるような指導・支援を進める必要があるのは言うまでもありません。

経理担当者と一口に言っても多様性があり、一概に“こうすればよい！”といった方法はありませんが、以下に具体策を記述していきますので参考にしてみてください。

(3) マーケティングの観点であたる“売上管理”の勧め

「増収に繋がる方法について指導する」と簡単に言っても、そのために行うべきことは実に多岐にわたります。

まずは、経理担当者が集計・整理してきた売上に関するデータを担当者の前に改めて示し、売上に至るまでの経緯について分析を勧めることからスタートを切るとよいでしょう。

何を分析するか、以下に例を挙げてみました。

①顧客層：どのような顧客から選ばれているか？
②機　会：ホームページや広告、あるいは販促活動など、何が機会となって辿り着いたのか？
③時　期：季節的な傾向により、販売量の推移に変動はあるか？

いわば、マーケティングの観点も含まれた分析です。特に、中小企業などで、マーケティング部といったセクションが存在しない顧問先であれば、なおのこと推し進める必要があるでしょう。

もし、人手不足で経理担当者があたることが困難な状況なのであれば、営業部門とも連携を促すなど、実践への道を探ってみてください。こうした分析が実践できれば、ターゲットの絞り込みや販売時期の見直し、あるいは顧客傾向から新商品・サービスの開発展開も可能で、増収に繋がる道筋が見えてくるでしょう。

本項をお読みの方の中には、このような分析を経理担当者に勧めること自体、難しく酷だと思われる方がおられるかもしれません。しかし、その顧問先の経営陣らは、自社の商品・サービスについてここまでの分析ができているでしょうか？

もしもそれすら疑わしいのであれば、他の方法を探る必要があるでしょうが、時間は待ってはくれません。

ひょっとしたら、経理担当者の人材開発にも繋がるかもしれず、増収のみならず、一石二鳥以上の効果になるかもしれません。実践に繋げる価値はあるはずです。

是非、実践の方法を見つけてみてはいかがでしょうか。

（4）顧客満足度向上といった“原点回帰”へ

上場・未上場、あるいは業態にかかわらず、あらゆるステークホルダーが注目する年商について、無頓着でいる経営者は皆無のはずです。中には売上至上主義が問題視される経営者の方もおられますが、それだけ重要な指標である売上高について、ウィズコロナ時代に突入する今だからこそ、さらに本質的で繊細な売上管理を進めることが必然となってくるはずです。

また、売上管理の見直しを契機に、常日頃から机上での記帳や集計作業に追われている経理担当者がデータ分析に対して興味を持つようになれば、その仕事を通して顧客へのより一層の感謝の気持ちが湧くということも期待できるでしょう。

ひいては、顧問先全体が「顧客満足度向上」といった企業のあるべき姿に原点回帰していくはずで、このまま何の手も打たないままにしておくのはナンセンスでしょう。

まずご自身が一歩踏み出す勇気を出して、できるところからスタートしてみてはいかがでしょうか。

本質的な売上管理により、顧客満足度向上といった“原点回帰”に向かう！

5－④ 経理担当者と進める＆勧める！
その4　売掛金・仮払金等～現金化しやすい流動資産管理～

（1）現金化しやすいからこそ、メスの入れどころあり？

売掛金や仮払金等といった流動資産の残高推移については、税理士先生や職員の方々が既に顧問先に応じた残高推移のチェックをしているでしょう。

ビフォーコロナの頃であれば、月次の対面の指導の際にでも、未収や未精算の売掛金や仮払金の有無について、試算表類を併せ見ながら質問したり、管理簿を見たりしながら実地指導ができていたでしょうが、昨今のコロナ禍においてはなかなか対面型の指導が叶わず、データチェックに留まっていたところが多いかもしれません。

一般的に“現金化しやすい”流動資産ですが、実務の進め方や管理方法にまで踏み込んで見てみると、案外、メスの入れどころが発見されるかもしれません。

「あの顧問先であれば、○○さんが担当しているから大丈夫！」という企業も少なくないでしょうが、念のため…といった気持ちで読み進めてみてください。

（2）売上至上主義の経営陣を変えるための一歩

筆者が企業の取材をした経験から言っても、比較的経営規模が小さく、未上場の企業の経営陣は、売上至上主義の方が多いものです。

ほとんどの読者の方は何となく察するところでしょうが、あえて説明すれば、上場企業は四半期ごとに財務諸表類を公開して自社の経営状況をさらけ出さなければならないため、売上のみならず多方面の指標について外部のステークホルダーの評価を意識しながらの経営活動を進める必要がある一方、未上場企業の多くはそこまで求められていないため、昔から根強い定番の指標である“売上”の推移ばかりを注視してしまう、といったことが主な理由の一つでしょう。

もちろん、側近の役員らは、財務状況について的確に経営者に現状報告しているのでしょうが、多くの未上場企業は役員の顔ぶれが長年変わらないといった実態もあり、残念ながら、慣れ親しんだ人からの助言については新鮮味がなく、興味を持たれないケースも少なくないようです。

このような状況の中、企業の現場で活躍する経理担当者が売上至上主義の企業体質からの脱却を図る役目を果たすような指導・支援方法について、あなたが模索・実践することで、顧問先全体の経営体質が前進するかもしれません。

具体的な方法については、次項を読み進めてください。

（３）自社の“債権管理”という意識を持ってもらう

まずは、流動資産の中でも代表格であり、“売上”の相手科目の一つにあたる“売掛金”の管理について、顧問先の経理担当者の方々がしっかりとあたっているか確認することがお勧めです。

当然のことながら、発生主義で仕訳を起こしているのであれば、貸方の"売上"の相手科目に対し"売掛金"が計上されているはずです。そして、入金されれば"現預金／売掛金"といった仕訳が登場し、そこで仕訳完了となります。

このような当たり前の仕訳なのですが、発生した売掛金がすべて回収されているのかといった債権管理をする上で、本当に"当たり前"なところが完璧にできているのか、顧問先ごとに改めて確認をしてみてください。

毎月あなたは顧問先ごとの売掛金残高の推移をチェックしているでしょうが、その中に焦げ付き予備軍の顧客が潜んでいるところはないでしょうか？

もちろん、心配のない顧問先がほとんどで、該当しそうなところがあれば、既にあなたが督促を促すなど適切な指導を講じているでしょうが、もし売掛金管理のおぼつかない顧問先があれば、"売掛金管理＝自社の大切な債権管理"といった公式を念頭に置いた基本どころの整備をしてもらうことは必須です。

今さらながらの売掛金管理方法でしょうが、以下に示します。おさらいがてら、顧問先ごとに振り返り、不備の芽の有無を探ってはいかがでしょうか？

～売掛金管理のチェックポイント～

①発生→請求→入金処理といったフローについて、専用システムを活用して消込処理をするなど、しっかりとなされている。

②もし入金されないところがあれば、入金日の当日に督促作業をしている。

③未入金が発生すれば、営業担当などの直接関わっているセクションにも情報共有している。

④売掛金の管理を担う経理担当者は、売掛債権の時効制度について基礎知識を備えている。

（４）経営陣に経理担当者の意識のほどをアピールする！

経理担当者にとって、売掛金管理は売上に掛かる債権で、しっかりとあたることは当然なのですが、たとえ完璧に処理していても、単なる事務処理の一環だと捉えて淡々と処理するばかりではもったいないケースがあります。

特に、売掛金という自社の債権に対する経理担当者の保全意識を適切にアピールすることで、経営陣の“売上至上主義”からの脱却を図るチャンスにも繋がるかもしれません。

すなわち、ここでいう“売上至上主義”とは、PL 上のトップに注視する経営スタイルであり、実際にその売上にかかる売掛債権の質までは意識することがない、リスクが高い経営方針だと言っても過言ではないのです。

そこで具体的なアピールの方法ですが、売掛債権管理の実務を担う経理担当者が、経営陣らが集う会議にて売掛金の残高推移の報告といったBS上のデータと深く関係するアクションをしたり、あるいは未収者が発生した場合は督促の現況や相手方の反応についてレポートしたり、様々あるはずです。

こうした経理担当者らの積極的な取り組みに対して、顧問先の経営陣らは少なくとも何らかの反応をするはずなのです。

税理士先生や職員の方々は、顧問先の経理担当者らに対して、どのような方法で経営陣らにアピールしていくか意見を掬い上げるようにして、それを実践していけば、必ずや経営陣らは経理担当者らの姿から自社の"売掛金の質"を侮ってはいけないことを再確認するでしょう。

(5) 他の流動資産にまで目配りできる経営スタイルに！

経理担当者が自社の売掛債権を注視する職務を定型化すれば、他の"現金化しやすい"流動資産に対しても目配りするようになるでしょう。

例えば"仮払金"は、社員らが出張する際やイベント等のため“仮に出金する”位置付けの流動資産ですが、こちらについても、精算の遅滞の有無や、そもそも妥当な額で適切な手続き、承認を経て仮払いが行われているかといった至極当然ながらも大切なチェックポイントを再確認するようになるかもしれません。

もしも何らかの綻びが潜んでいれば、仮払い出金の規程や承認フローの見直しを図るなど、経理担当者が直接的に改善行動をとることで、顧問先全体が自社の資産について注視する皮切りになるでしょう。

税理士先生や職員の方々も、顧問先ごとの仮払金等の残高推移にも目配りしながら、経理担当者に対し管理方法や捉え方などについて適切に質問して、その答えから指導・支援策を探ってみてはいかがでしょうか。

5-⑤ 経理担当者と進める＆勧める！ その5　有効な設備投資を推進→検証が要！

（1）自社の経営基盤を支えるモノ、“固定資産管理”の本質とは？

固定資産の中でも、有形固定資産にあたる土地・建物・機器備品に該当する“モノ”達は、企業の経営基盤を支える貴重な存在でもあるので、既に経理担当者らは有形固定資産ごとの減価償却の計算や記帳、残高管理などに、整然とあたっていることでしょう。

また、有形固定資産は金額が大きいこともあり、税理士先生や職員の方々は、顧問先の経営陣や経理責任者から計上の発生前に相談を受けたり、顧問先ごとの台帳を紐解きながら実態のほどを確認したりといった場面が多々あるのではないでしょうか。

そこで、次のステップとしての経理担当者に対する指導・支援策についてですが、固定資産管理の本質的なところへの原点回帰をお勧めしたいのです。

本項の見出しにもある「本質的な固定資産管理とは何か？」ですが、それは、設備投資が当初の筋書き通りにキャッシュを生んでいるのか否か検証するという、企業経営活動の中でも最も基本的なことを指します。

（2）設備投資計画を進める上で、経理担当者を参画させているか？

有形固定資産の計上とは設備投資をするということを意味しており、企業の経営活動上でも大イベントの一つです。よって投資計画は慎重に進められ、経営陣らのゴーサインによりようやく実現に至るはずです。

まず、筆者が税理士先生や職員の方々にお勧めしたいことは、こうした顧問先にとっての大イベントである設備投資計画が、いち経理担当者らも参画させて行われているか否かチェックしていただくことなのです。

前述したように、本質的な有形固定資産管理への原点回帰を、税理士や職員の方々が「さあ、こうしましょう！」と単に口頭で顧問先の経理担当者らに唱えたところで、経営陣らの意識が伴っていなければ実現は難しいはずです。

もしも経理担当者を単なる事務係として配置し、集計や記帳ばかりをやらせているのであれば、彼ら・彼女らは当事者意識を持って自社の設備投資について注視することが困難になるはずです。

このような要の部分が懸念される顧問先においては、経理担当者自身が問題提起することには無理があるでしょう。顧問先の経営陣や経理責任者といったしかるべき人に対して物言いができるのは、「先生」として外部コンサルタントの立ち位置にいるあなたしかいないのです。

まずは、顧問先の経営陣らに対し、設備投資計画への参画は経理担当者らの潜在能力を活性化させ、成長機会を提供する場でもあると促し、指導・支援してみてはいかがでしょうか。

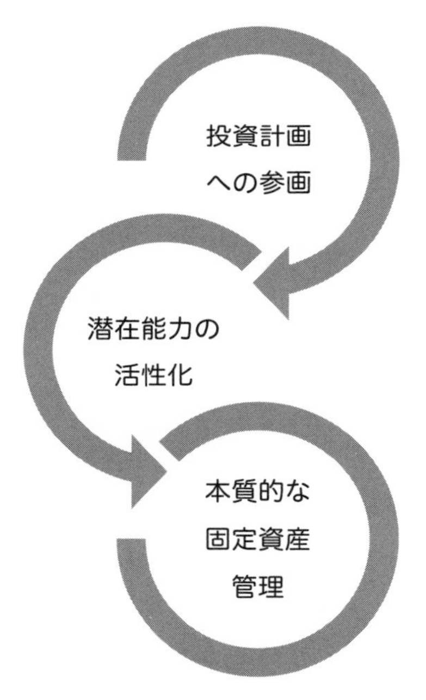

～経理担当者らに投資計画へ参画させることによる効果～

（3）投資効果の検証を進めるポイント

次に、経理担当者に対して本質的な固定資産管理の指導・支援をどのように進めるかについてです。

まずは、以下のポイントについて経理担当者に対し質問し、相手方は資料を紐解きながらでもよいのでスムーズに語ることができるか否かを見極めてみてください。

～設備投資について、経理担当者らは以下の質問に回答できるか？～

①目的が何であったか？
②資金調達方法は？
③資金の回収の予定時期は？
④実際の稼働状況は？
⑤実際の効果のほどは？

以上のような具体的な質問をした際に、もしも明確な応答が聴こえてこない場合であっても、単に経理担当者の意識不足を疑うばかりではNGかもしれません。投資計画に参画していないが為に、はっきりと答えることができていない可能性もあります。

また、あまり例がないとは思いますが、ひょっとしたら経営陣や経理責任者も明確に把握ができていない事態が懸念されるのであれば、それが危険な事実であることは言うまでもないでしょう。

設備投資は多額の資金を投じて行われるケースが多く、もしも杜撰な計画、管理が疑われるのであれば、実態をあぶり出し軌道修正を図ることは急務です。

まずは上層部に対し善処を促すことが第一ですが、こちらの面についても経理担当者らならではの現場視点が効いた方法を実践することが、よき処方箋となるかもしれません。

次に具体策について記述していきます。

（4）現場視点の連携が奏功する！

経営陣や経理責任者らの設備投資のスタンスについて懸念されるような実態があれば、現場の実務を担う経理担当者のみならず、営業部や製造部等に所属している現場担当者らと連携することで改善に繋がる可能性があるかもしれません。

なぜなら、言うまでもないことですが、彼ら・彼女らは経営陣よりも定型業務の中で実態に触れる機会が多いので、早期の段階で経営陣らに実態を問題提起することでリスク回避に繋げることが期待できるからです。

例えば、その有形固定資産を入手するに至るまでの投資額や､顧客への販売数や売上高､あるいは稼働率といった生データは、経理や営業、製造といった部署の現場担当者が管理しているケースが多いでしょう。

これらの情報も経営陣らに発信することで、否応なしに設備投資の結果が浮き彫りになるため、それに基づいて今後の経営方針を検討するようになり、先々の投資行動についても現況を直視しながら進められるのではないでしょうか。

たとえ特段問題のない設備投資であったとしても、こうした現場担当者らの取り組みをルーティン化することで、経営陣らは今まで以上に設備投資に慎重に、かつ適切にあたるようになるはずです。

経理担当者に対し有形固定資産の本質的な管理を促すため、他部署との連携を推し進めることもかなり有効でしょう。

コロナ禍ではかなりの痛手を被った顧問先が多いはずなので、ビフォーコロナの頃からの設備投資に関するデータも整理して反省材料にするのも奏功するかもしれません。

現場社員らの底力を発揮させる契機と捉え、積極的な支援を講じてはいかがでしょうか。

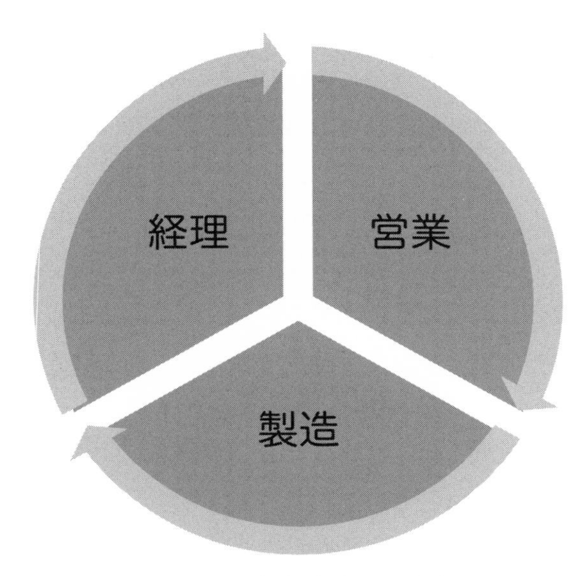

各セクションの現場担当者らの連携により、
適切な設備投資行動が実現される！

5－⑥ 経理担当者と進める＆勧める！
その６　長期・短期借入金の残高推移の注視は外せない！
～他人資本により持続しているという現実を受け止めてもらう～

（1）他人資本の返済がスムーズにできる利益計画なのか？

顧問先の経営陣らの多くは、コロナ禍で経験した逆風を追い風へと変換させるため、襟を正して経営方針の見直しを図っていることでしょう。

その中でも、他人資本にあたる借入金のおかげで事業が成り立っている顧問先にとっては、長期・短期の借入金残高から目を背けるのは絶対にできないことであり、返済がスムーズに進むような利益計画での事業活動を展開させる必要があります。

もちろん、こうした経営姿勢は何もコロナ禍でなくても基本なのですが、筆者の経験上言えることは、売上至上主義の経営者は最終利益のプラスマイナスのみを見て一喜一憂する傾向があり、ウィズコロナ時代に突入してもこのスタンスを変える兆しが見えない場合、外部コンサルタントの立ち位置にいるあなたは、強い姿勢でもって顧問先の経営者に対して指導する必要があるでしょう。

しかしながら、言うまでもなく、あなたは外部顧問にすぎませんので、実際のところは顧問先自身の自助努力で売上至上主義から脱却する必要があります。

（２）キャッシュフロー会計を重視しているか？

まず、顧問先ごとにチェックしていただきたい点は、財務諸表のうちキャッシュフロー計算書を重視しているか否かといったところです。

すなわち、理想、と言うよりもはや基本の経営スタイルである、“営業活動におけるキャッシュフロー”がプラスであり、現況や将来に向けての堅実な“投資活動”を通してキャッシュを生み出し、最終的に無理のない“財務活動”の一つである借入金の調達・返済を行っているか、といった指標を重視しているかどうか、ここを突き詰めて確認してみていただきたいのです。

もしも、等閑になっている、あるいは相変わらずのPL経営を続けている顧問先の存在があれば、兎にも角にも、あなたがいつも配信しているキャッシュフロー計算書をフロントページとして示し、経営陣に現状を知らしめる必要があるはずです。

（３）経理担当者には、金融機関に対してのアピール役を勧める！

前述したように、いくら税理士先生や職員の方々が顧問先に対して尽力したところで、善処・改善行動を起こすのは、顧問先自身です。

よって、現場で活躍する経理担当者が、自社の資金繰り状況を表すキャッシュフロー計算書について理解し、経営陣らに示すことが肝要なのは言うまでもないことでしょう。

例えば、経営陣らが集まる定例会議などで、中心的な資料としてキャッシュフロー計算書を準備し、経理担当者自身が解説する場を設けるなど、顧問先の状況に応じた方法を勧めることは必須でしょう。

また、他にもお勧めしたいのは、今後も他人資本にあたる長期・短期借入金調達により経営活動を展開していく顧問先なのであれば、先々を見据えた自社のアピール策をどうしていくか、真摯に検討・実践を促すことです。

これまでは、どちらかと言えば、経営陣や経理責任者が主体となって資金調達先である金融機関に対し折衝ごとを行っていた顧問先が多かったでしょうが、先々を考えると、経理担当者が金融機関との折衝に全く関与しないままでは、将来的に円滑な資金調達が難しくなるケースも生じるかもしれません。

そこで、未来を担う人材を育成する意味でも、将来的に経理担当者に折衝をバトンタッチさせていくような体制づくりが欠かせないでしょう。そのための具体的なフローの例を次のページに示します（【　】内はそれぞれの目的について記述しています）。

〜金融機関折衝を経理担当者へ
バトンタッチするフロー〜

①自社が今後展開する事業計画書策定に経理担当者を参画させる。
【経理担当者に当事者意識を持ってもらうため】

↓

②経理担当者に①の事業計画について、狙いや、成功する根拠、そして想定される収益・利益をしてキャッシュがどれくらいか、語ってもらう。
【自身の職務として理解しているのかを確認するため】

③上記②について、金融機関に対してどのようにアピールしていくか、経理担当者自身に検討してもらう。
【経理担当者自身の能力・持ち味を生かしたアイデアを盛り込むため】

④これまでの折衝方法を経理担当者に共有し、改善点の有無を探ってもらう。
【他にも盛り込むべき事柄や必要のない箇所がないか、経理担当者自身に検討してもらうため】

以上を参考にしながら、経営陣や経理責任者に対して具体策を推し進めてみてください。顧問先に変化をもたらすには、ここまで踏み込んだ指導・支援策が必要でしょう。

(4)“人的資本開示”の面でも、アピールの源となり得る?

ご存じの通り、上場企業はステークホルダーに対し、非財務指標にあたる“人的資本開示”をすることが求められています。

こうした潮流の中、未上場企業についても、社員らのアイデア・自主的な活動がどれだけ自社の資本力を高めているかといったアピール策を検討することが欠かせなくなるでしょう。

すなわち、他人資本で経営を持続している企業のステークホルダーにあたる借入先の金融機関に対して、従来型のアピールを続けているだけでは融資の際にも不利になる危険性があるかもしれません。

経理担当者という人的資本が顧問先で活躍しているということを金融機関に対してアピールするといった意味でも、是非、実践に向けて具体的に推し進めてみてはいかがでしょうか。

ブレークタイム
第３章に向けてのメッセージ

（１）ウィズコロナ時代に突入。財務諸表は、しかるべき経営指標として機能しているか？

長引き過ぎたコロナ禍において、真摯な想いで自社の経営姿勢を改め、混沌とした現況からの脱却を図ろうとしている顧問先は数多くあるでしょう。

それでは、具体的にどのような策を講じて脱却を図り、増収増益→納税額増といった企業のしかるべき使命を果たそうとしているのか？　繰り返しのメッセージになりますが、税理士先生や職員の方々が顧問先ごとに具体的なところを確かめて、具体策の進捗状況や効果検証をすることは欠かせないでしょう。

その中で、財務諸表をしっかりと見据えて、経営指標として活用していくような取り組みが見えてこないのであれば、要注意なのは言うまでもありません。

もしも思いあたる節のある顧問先があった場合には、何を根拠にして自社の経営活動が良好に進んでいるかどうか判断するつもりなのか､質問してみる必要があるかもしれません。その答えがあなたから見て妥当性のある指標なのであれば問題ないでしょうが、不明瞭であれば、根本的なところから軌道修正を図るように促すことは言うまでもなく必須です。

たとえ上場企業のような公開会社ではない顧問先だとしても、経営活動を進める上で重要な資金調達先である金融機関がステークホルダーとして存在しています。そして、もっと重要であると言っても過言ではない社員らもステークホルダーに該当します。

社員らによる経営活動の成果が表れている、経営指標である"財務諸表"について、単に税金を申告・納付するための資料でしかないと捉える経営者がいるのであれば、もはやウィズコロナ時代に経営を持続させることは困難かもしれません。

(2) 経理担当者に、財務諸表は自身が躍動するためのツールと捉えてもらう!

かなり昔の経理担当者であれば、簿記や財務諸表の理解に関する専門資格を有し、それらを活用して職務に邁進することで充分であったかもしれません。

しかしながら、わずかではあるでしょうが、ウィズコロナ時代においてもこうした旧態依然のスタイルで経理担当者に職務を任せている顧問先があれば、あなたから軌道修正を促す必要があるでしょう。

第2章では、財務諸表を通して経理担当者の活躍どころについて記述してまいりましたが、改めてまとめると、財務諸表を作成して残高を照合させればほぼ終了といった仕事ぶりでは、今後も企業経営が成り立つはずありません。これからは財務諸表を自身が躍動するためのツールと捉え、自社の未来に向けての具体的な課題解決策・改善策をアウトプットし、やがてはアウトカムに繋がるような職務を行うといった方向へと転換することが求められるでしょう。

すなわち、経理担当者の職務を進化させないわけにはいかず、進化した仕事スタイルがスタンダードになれば、企業全体が徐々にでも好転に向かうはずです。

経理担当者の意識の高低や知識レベルにもよるでしょうが、経営活動の現状についていち早く察知できる立場にいるということを今一度認識してもらい、自身の思考・感性によって現場をよく知り得る経理担当だからできることを模索し、徐々にでも実践できるよう、指導・支援策を講じてはいかがでしょうか。

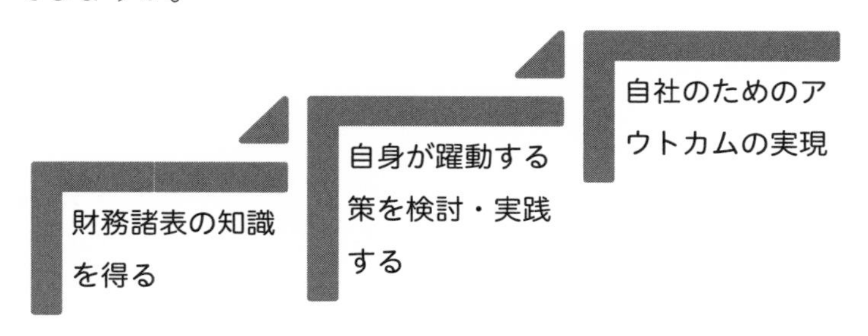

～経理担当者の職務の進化について～

第３章は、いよいよリアルな場面を取り上げて、税理士先生や職員の方々のお勧めの介入どころを記述していきます。

長引き過ぎたコロナ禍の影響からの復活のために、あなたが顧問先ごとにでき得る指導・支援策について、ストーリーを交えて紹介してまいりますので、是非、最終ページまでお付き合いください。

第3章

顧問先の経営課題を正しく把握するための方法

―“ミクロの視点”から―

SCENE 1

経理担当者の資質を見極めることが、あなたのビジネスチャンスに繋がる？

顧問先 SCENE 1

久しぶりの対面指導。経理担当者の様子はいかがなもの？

税理士

「お久しぶりです。コロナ終息の時期が見えない中、これまで大変でしたね…。ますます、お忙しいでしょう。」

経理担当者

「それほどでもないです。コロナ以前から代り映えしないですよ、我々の仕事は…。」

税理士

「確かに、売上や利益の増減はあっても、仕訳や試算表上の数値が変わるだけで、実際の作業量は変わりませんね。」

経理担当者

「前任者の方からの引継ぎでやっていますからね。そのうち、AIが我々の仕事を引き継ぐのでしょう。」

★バイアスからの脱却を図ることが、あなたの使命？

「経理担当者の真の役どころは経営管理者にあたる役割である」ということについては、本書の“はじめに”からこのページに至るまで随所に発信してまいりましたが、筆者の経験からしても、企業内において経営管理者として能動的なスタイルで仕事ぶりを追求している方はごくわずかで、スタッフクラスになると、積極的に課題意識を持って仕事にあたる人よりも、前任者から引き継いだ状況のままでルーティンワークをこなしている人の割合が高いように感じられます。

たとえ顧問先の内部に意識の高い経理担当者が存在していても、顧問先独自の慣習・文化など、何かよろしくないものが潜在している場合には、いち担当者に徹して自身の“個”を全面に表すようなリスクある行動はとらないものなのです。

そこで、筆者が皆さまに提言したいことは、外部の顧問税理士という視点を強みにして、顧問先ごとの経理担当者の資質を掬い上げることなのです。

（1）経理担当者の資質＆モチベーションを引き出す！

職種が何であれ、同じ企業内で人事異動等もなく長年同じような仕事を続けていれば、多くの人はその環境に慣れ過ぎてしまい変化を求めなくなるものですが、その一方で、変化や成長を求めている人は、次のステージを探して、自身にとって相応しい身の置き場を考え、行動に移しているものです。

すなわち、職種や立場など関係なく個々がしかるべき自身の道を歩むのは自然の摂理に近いもので、いわゆる“引き寄せの法則”が奏功するのか否かはわかりませんが、あなたは顧問先の経営成長・成熟を支える立場として対価を得て顧問をしているのですから、まずは経理担当者の資質とモチベーションを引き出し、その顧問先が抱える顧客の満足度向上や収益・利益貢献に向かって、彼ら・彼女らに活き活きと働いてもらうような支援策の提供をお勧めしたいのです。

顧問先内の貴重な人材の流出を抑制するためにも、視野に入れてみてはいかがでしょうか。

（2）五感を使って、積極的に！

経理担当者の資質とモチベーションは、本来なら、顧問先の人事部等が企画する研修等で引き出せるかもしれませんが、長引き過ぎたコロナ禍も影響して、充実した社内研修の場は多かれ少なかれ減ってきています。

よって、外部コンサルタントの立ち位置である税理士先生や職員の方々の五感をフルに使って具体策を講じることは、あなたにとっても大きなビジネスチャンスに繋がるかもしれず、心してあたる価値があるはずです。

ここで、冒頭のSCENE 1のセリフに目をやると、経理担当者は淡々と実情を見据えており、自身が担当している仕事について「前任者のやり方を引き継いでいるが、そのうちAIが台頭してきて自身の仕事はなくなる」と客観視できているようです。

つまり、この経理担当者は自身を取り囲む外部環境からの影響についてシビアに認識しており、こうした能力を活かし、自社内外の環境を冷静に見極めて今後の経営指南を検討・実践するようなポジションも担えるかもしれません。

税理士先生や職員の方々は、税務や経営のプロであると共に、人と接する機会を多く持ち合わせているので、ご自身でも意識しないまま、知らず知らずのうちに人を見極める能力が身についているのではないでしょうか。

よって、相手の経理担当者がどのような言葉を使っているか、どのような姿勢で経理職を担っているか、わずかでも感じとることができるはずです。そこで気づいたところがあれば、それを放置するのは厳禁です。

人的資源を活性化して顧問先の成長･発展へ導くためにも、まずは顧問先の経理担当者に焦点を絞り、それぞれの能力開発を検討してみてはいかがでしょうか。

（3）経理担当者のタイプによる潜在能力活性策とは？

次に、顧問先の経理担当者の具体的な潜在能力活性策を考えていきましょう。

経理担当者やその上司ですら気づいていない貴重な能力を引き出すことは、並大抵のことではないでしょうが、顧問という立場を活かし、あなたの五感を使って経理担当者のタイプや資質を見極めて、具体的な支援策を推し進めることは可能でしょう。

例えば、データ入力のミスがあまりない方の場合、一時的な効率より正確性を最優先させているタイプかもしれません。よって、その方に不正防止策の検討と運用を任せて、部署全体に徹底させることで、他の経理部員らも透明性の高い仕事を追求するようになるでしょう。

また、分析処理を好む経理担当者であれば、さらにステップアップを促し、自社の経営全般を見据えるような職務が提供されるようにするなど、フレキシブルな策を講じてはいかがでしょうか。

顧問の立場では、なかなかそこまで踏み込んだ提案ができないと思われるかもしれませんが、本人に促したり、経理部のマネージャーや経営陣らに意見を発信したりといったアクションは、“先生”という立場だからこそでき得るのです。

今日から、顧問先のデータのみならず、経理担当者の資質を見極める意識を持ち、一歩進んだ指導・支援策を講じてはいかがでしょうか。

SCENE 1 POINT

- 貴重な人材の潜在能力活性化＆流出抑制を図る。
- あなたの五感を活用する！
- タイプや資質に応じた職務提供を促す。

SCENE 2

スタッフクラスと接点を持つことが真の経営改革に繋がる！

顧問先 SCENE 2

あなたの知らない、スタッフらの実情。

スタッフA

「応接室にどなたか来ているよね。お茶を持っていこうか？」

スタッフB

「ああ、税理士先生がいらしているのよ。部長が応対しているわ。きっと内密な話だから、お茶はいらないんじゃない？　まだ“コロナ”も流行っているし…。」

スタッフA

「それより、意味のある打ち合わせをしているのかね？だって、部長は表面的な話しかしないでしょ、税理士先生には…。」

スタッフB

「私たちは何も知らないフリをしているけどね。ウエが見えないところも、見えているのに…。」

★現場を知るには、スタッフクラスとの接点が不可欠！

SCENE 1でも触れたように、業種や規模等が異なる様々な顧問先と接している税理士先生や職員の方々であれば、顧問先の裏事情について、オフィスの様子やスタッフらの表情を見れば、五感を通して何となくでも察してはいるはずです。

例えば、社屋の周りの清掃が行き届いていない、あるいはオフィスの整理整頓もままならず、スタッフらの表情も暗いなど、悪しき実情が水面下に潜んでいそうな顧問先。一社くらいは思いあたるのではないでしょうか？

このような場合、顧問先のスタッフらとも接点を持つことで、普段経営陣らからヒアリングしているような内容とは異なる課題点が見つかるはずなのですが、それがなかなか難しいと感じている方は多いでしょう。

しかし、ちょっとした工夫により、彼ら・彼女らと接することで、あなたの指導・支援策が変わってくるかもしれないのですから、是非一歩踏み出してみてください。

（1）経営陣らは、社員らをどのように捉えているか？

昨今は、長引き過ぎたコロナ禍の影響により、顧問先へ定期訪問する機会はめっきり減ったことと思いますが、そろそろ“対面型”を再開しているところもあるでしょう。

このような中、ビフォーコロナと同じように経営陣らとばかり接していては、前進する機会を失っているようなものかもしれません。

まずお勧めしたいのは、定例の訪問指導で経営陣らと面談する際にでも、“社員”を軸にした話題を持ちかけて、経営陣らからどのような言葉が発信されるのかを傾聴し、その後にあなたが社員らと接する場が設けられるかについて質問してみることなのです。

これら２点から、経営陣らが社員らをどのように見ているのかが丸わかりになるのです。

例えば、貴重な人材として尊重していることがわかる言葉が出てくるか、それとも入れ替え自由なコマの一つとしてしか見ていないか、あるいは“社員＝家族同然”といった経営陣側の独りよがりな考え方による古い気質が感じられないか、など、顧問先ごとに違いが感じられるでしょう。

また、あなたが社員らとの接点を持てる場所や時間帯を質問した際、経営陣が社員らの動きをよく把握していないがためにしかるべき回答が得られない、あるいはあなたが行おうとしていることに対し抵抗を示すような態度であれば、危険信号なのは言うまでもありません。そのような経営陣は、おそらくウィズコロナ時代突入後も、社員らの活躍ぶりや今後表出されるかもしれないポテンシャルに目を向ける意思はないのでしょうから、その顧問先は将来衰退を迎える可能性が高いはずです。

もしも、あなたから見て厳しい状況が感じられるのであれば、あなた自ら顧問先の社員らと接点を持ち、課題や問題点を掬い上げることが肝要でしょう。

〜お勧めしたい、顧問先の経営陣らへの２点の質問〜

社員らに関連する 話題についての質問	社員らと接点を持つ 場所・方法は？

（２）社員らとの接し方

顧問先の業態や規模によって、あなたが社員らと接することができる場所・方法は異なるでしょう。

例えば、定期的に委員会や研修の場があれば、あなたから興味を持ってその内部を覗いてみることで、社員らの生の声が聞こえてきたり、雰囲気が感じられたり、ライブでの様子がわかるはずです。

その際に素直に感じたことを、主催者に質問したり感想を伝えたりすることで、社員らの承認欲求にもわずかながらでも応えることができるかもしれません。

ひいては、顧問先の経営陣に対し、あなたが社員らについて感じたポジティブな要素を話すことで、これまで経営陣らが抱いていた自社の社員らのイメージが変わり、今後、組織内のどこで活躍してもらうかの検討材料となることも期待できるでしょう。

（３）溝を埋めるには、経営状況のオープン化を勧める＆進める！

最終的な段階では、顧問先の経営陣らと社員らとの間の溝を埋めることも視野に入れる必要があるでしょう。

なぜなら、もしも溝が深い状態で放置されているのであれば、経営活動を担う“社員”という経営リソースが丁寧に扱われることが危ぶまれるわけですから、ウィズコロナ時代突入を迎える中での経営持続はかなり難しいはずです。

そこで、社員らとの溝を埋める方法の一つとしてお勧めしたいのは、自社の経営状況について、どこまでオープン化が進んでいるのかを確認することです。

例えば、決算書などの財務指標が一部の経営陣や管理職クラスにしか開示されていないといった顧問先があれば、徐々にでもオープン化していくことを勧めるべきなのです。

筆者が企業研修や取材を通して思うことは、自社の経営状況を示す要の資料である財務諸表類の浸透力の弱さです。公開会社ではない企業の多くは、全社員にまで財務諸表類をオープン化しておらず、それが故に社員らの経営参画が進まず、成長を阻む危険性が放置されていると言っても過言ではないのです。

財務諸表類は経営陣・社員共通の指標であり、すべての立場にいる社員らにとって、自身の成果がどこに表れているのかが確認できるだけではなく、現況を踏まえて、将来に向けて自身がどのような活動をするべきかといった指南書の役割も果たしています。このような重要かつ便利な指標をオープン化していない顧問先については、早急に改善案を示す必要があるでしょう。

役職や立場に関係なく使える指標を中央に据えて、それぞれの使命を果たしていく、といった原点回帰を実現させるためにも、本腰を入れての指導・支援を進めてみてはいかがでしょうか。

SCENE 2 POINT

- 経営陣らが社員らをどのように見ているのか確かめる。
- 委員会・研修などの場を通して、あなたが自ら社員らと接する。
- 経営陣＆社員の共通指標である財務諸表類のオープン化を勧める。

SCENE 3

社員らの多様性を尊重してこそ達成できる自社成長・発展。経営陣の意識のほどは？

顧問先 SCENE 3

ビフォーコロナよりもはるか昔から続く風景がそのまま続いていないか？　経営会議でのワンシーン

議長兼経営陣 A

「次年度の事業計画について、意見のある方は述べてください。」

経営陣 B

「コロナ禍の影響による減収が著しいので、収益実現の仕組みを再検討することやコストの見直しは必須ですが、それよりも、もっと先々を見通しての長期事業計画を早急に策定し、全社員らに公表して実態を知ってもらうことが急務でしょう。」

経営トップ

「B さん、あなたが言っていることの意味はわかりますが、このような状況では、長期事業計画を立ててもその通りにはいかないでしょう。実態など、言わずと知れたことですからね。絵に描いた餅がせいぜいです。」

経営陣Ａ＆Ｂ

「…そうですね。まずは、原点回帰を目指しましょうか。」

★「原点回帰」の意味を履き違えていないか？

「原点回帰」は、本書の主軸となるテーマです。

「原点回帰」というワードの捉え方は人により様々ですが、多くの企業は、長引き過ぎたコロナ禍によってそれ以前とは異なる経営状況に陥っているので、「原点回帰」によってコロナ禍以前と全く同じ状態に戻れるなどと楽観視はしていないはずです。そのため、ウィズコロナ時代突入前に、実現性が高い事業計画に沿った行動をとろうとしていたり、あるいは第三者としての視点も持ち合わせている社員の声を尊重しながらの経営体制を整えようとしていたりなど、顧問先ごとの経営色は様々でしょう。

そこでここまで折に触れお勧めしてきたのは、税理士先生・職員という立場を有効活用し、顧問先内で活躍している社員らの働く現場に変化が訪れているか、そして個々がそれに応じて働き方を変化させているのか、顧問先ごとに注視することなのです。

もちろん一括りにはできませんが、社歴が長く、経営陣にまで上り詰めるような人材であればあるほど、井の中の蛙となってしまい、「ウエが決めたこと」に従順に従うことが標準モードになりがちで、ひいては、彼ら・彼女らの部下たちにもこうした姿勢を浸透させてしまう、といったことはまさに“あるある”です。今後も同様のスタイルを保持しそうな顧問先が存在するのだとしたら、外部コンサルタントの立ち位置でもあるあなたの指導・支援が必要不可欠です。

（１）変革度をヒアリング→シビアな評価を！

まずは、経営陣らが奮起しやすいように、ウィズコロナ時代突入に向けての顧問先の経営指針について、中長期の事業計画がどのようなもので、また、それらの実現確度がどのくらいなのかといった、経営者としての基本資質の有無や適性が丸わかりになるような質問をあなたから発信してみましょう。

この質問に対する答えこそが、その顧問先の姿勢を浮き彫りにします。

税務・経営のプロであるあなただからこそ、顧問先の経営者が後の未来まで同職務を貫く資質があるか否か、見極めることができるはずです。たとえ経営者としてふさわしいとは言えない場合であっても、決して悲観的になることなく、顧問先に対しての素直な評価をダイレクトに下すことで、案外、未来が好転することもあるのです。

例えば、シビアな支援策の代表例になるでしょうが、M&Aを前向きに検討してもらうことが一つに挙げられるでしょう。社員らの雇用を守り、企業価値をさらに高めるようなアドバイスを的確に発信できる税理士先生や職員の方々が今後は求められるはずです。

M&Aのようなシビアな策であっても、顧問先の経営陣にポジティブな選択肢として検討してもらえるように、プレゼンテーション方法を工夫してみてはいかがでしょうか。

（2）社員らの活躍の場を再考しているか？

次は、ウィズコロナ時代突入に向けてしっかりとした事業計画が構築されている顧問先の場合についてです。

この場合は、あなたが詳細をヒアリングした中でも、本項のテーマでもある“人材”に焦点を絞り、個々の活躍の場を再考しているか否か確認してみてください。もし、そこが欠けていると思われる顧問先があれば、適切な指導が必要なのは言うまでもありません。是非、顧問先ごとの組織図を紐解いて、経営陣の前に提示しながら、部署ごとの人材の動向をヒアリングしてみてください。

例えば、人材育成を進めている様子や、新規プロジェクトへ参加させているなどの進展が見受けられるか否か質問することで、現況を知ることができるはずです。

もしもその中で危うい箇所があれば、放置することなく改善案を発信することが肝要でしょう。できるだけ、期間を定めて進展に向かってもらうことがお勧めです。

（3）社員ら個々が“原点回帰”に向かっているか？

顧問先がウィズコロナ時代突入に向けて経営体制を再構築する中で、人材を活かすという点において大事なのは、経営陣らが社員らを単なる属性で捉えて役割を与えることではなく、人材個々が、自身の職務を通しCS（顧客満足度）向上や収益・利益アップ、そして納税といった企業としての基本的な使命を自発的に成し遂げようとしているかどうかなのです。

まさにこの部分こそが“原点回帰”と言えるところですが、通常、同じオフィス内に身を置いていない税理士先生や職員の方々にしてみれば、ここまで確かめることは困難でしょう。

～自身の職務を通し、“原点回帰”に向かっているか？～

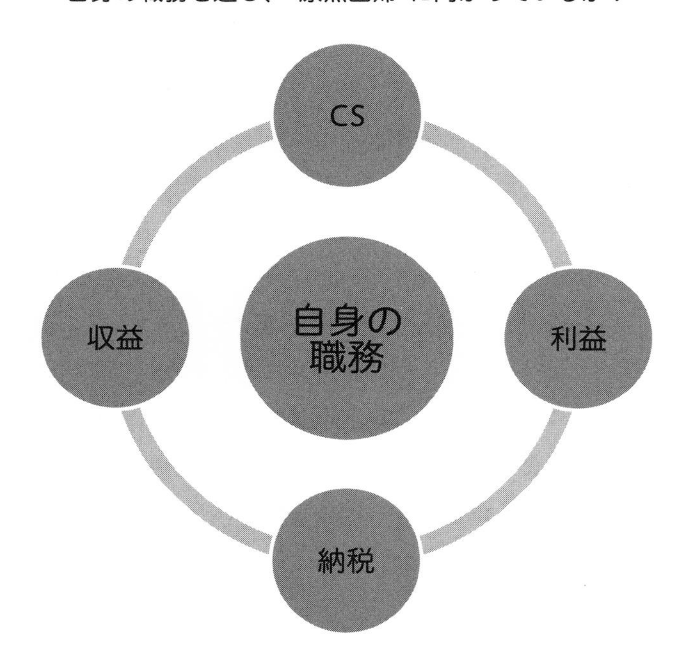

筆者は、経理・財務担当者向けのセミナーの中で上記のような図を受講者に配布し、具体的に自身の職務を通し、どのような行動をとることで“CS 向上”、“収益・利益 UP”、そして“納税”に繋がるのか考えてもらう場を提供しています。

顧問先の社内文化などを見極め、人事部を通すか、あるいはあなたが直接的に接点を持つか、相応しい方法は異なるでしょうが、お勧めしたいのは、できるだけ多くの社員らに上記を考えさせるような質問を発信して、社員自ら回答し、それを実践してもらうことなのです。

あなたの一歩の踏み込みが、顧問先の社員らを開眼させることもあるのです。是非、取り組んでみてください。

SCENE 3 POINT

- ウィズコロナ時代突入に向けて、事業計画に具体性があるか？
- 社員らの活躍の場を再考しているか？
- 社員ら個々の職務を通し、“原点回帰”を進めているか？

SCENE 4

自社の未来を見据えた“人材育成”に取り組んでいるか？

顧問先 SCENE 4

時間は待ってくれない。先々の“人材”を育てているか？
新規事業計画案についてのヒアリングSCENE

税理士

「新規事業計画ですか！　さすがパワフルですね。ところで、御社がこれまで行っていた事業とは異種のような気がするのですが、リスクの面はいかがでしょうか？」

経営陣

「もちろんある程度のリスクはありますが、先生もご存じの通りコロナ禍による減収減益がありますから。この事業計画は専務らとも練りながら策定したものです。V字回復とまでは言わないまでも、何とか奮起することを考えています。」

税理士

「なるほど。計画案については、無理は感じられませんが…。ところで、この事業の責任者の方はどなたになるのですか？」

経営陣

「事業責任者については、現在新規採用で募集しているところです。応募者が少なければ、人材紹介会社を使うことも考えています。」

★経営陣は「人材育成」のワードを発信していたか？

経営リソースの中でも最も重要である“人材”。それらを有効活用するためにも、先々を見据えた育成なしには企業の経営活動が成り立つはずもないでしょう。

また、当然のことながら、“ヒト”は人格を有している存在でもあり、同じ経営リソースの中でも“モノ”“カネ”とは全く別次元にあたるわけですから、彼ら・彼女らが“疲弊している”、“活き活きしていない”という様子であったり、職場環境の中でハラスメントや不平等が潜在していたりなどの問題が生じていれば、早急な対処が必要なはずです。

すなわち、末端のスタッフクラスであっても、経営陣や上層部に対して何らかの問題提起があって当然であり、さらには労務管理面でのコンプライアンス体制が整っていなければ、企業として成り立たないのです。

ところが、業態や規模を問わず、声を発信したり、コンプライアンス委員会等に対して問題提起したりといったことが難しい企業は少なくないというのが現状ではないでしょうか。あるいは、体制は整っているけれど、機能不全により形骸化しているといった顧問先があるかもしれません。

もしも思いあたるところがあれば、まずはその顧問先の経営陣から発せられるセリフの中に“人材育成”というワードがあったかどうか、振り返ってみてください。おそらく、ほとんどが「NO」ではないでしょうか。すなわち、前述したように、社員らが意見発信する場がなかったり、人材に対する体制が機能不全であったりなど、人材に対しての意識が低いが故に、“育成”を放棄している危険性が高いのかもしれないのです。

(1)「人材育成」＝研修機会を設けるのみではNG！

さて、それぞれに感情があり、個々の価値観や能力が違って当たり前の経営リソースである“人材”を、どのように育成すべきなのか？　これを突き詰めて考えている企業は少ないかもしれません。

財源が豊かな大企業であれば、しっかりとしたカリキュラムの下で、スタッフクラスからマネージャークラス、ひいては幹部候補にあたる人材といった異なる階層向けの研修メニューを設けて育成を進めることもできるのでしょうが、ギリギリの人員で経営を回している企業、ましてや、コロナ禍により拍車をかけて人員不足に陥っている企業であれば、そこまでの研修機会を設ける予算や時間がないというのが実情でしょう。

ただ、こうした事態についても、本書の中でたびたび触れたように、本当にコロナ禍のみが影響しているのか疑問視される顧問先の存在もあるでしょう。何はともあれ、過ぎ去った過去ばかりを振り返るのではなく、先々を見据えた検討・取り組みが必須のはずです。

「人材育成」の本質は、言うまでもなく未来の担い手を着実に育成することであり、捉えどころは人により様々でしょうが、自社の発展を望むのであれば、その人材なりの能力を発揮し、進化した職務遂行を実現させることでしょう。

すなわち、小手先の研修効果の分析や前任者のコピーを育成するのみの顧問先に対しては、外部コンサルタントの立ち位置でもあるあなたの役どころが大いにあるでしょう。

（２）外部調達を安易に考えていないか？

さて、次にあなたの具体的な役どころを考えていきましょう。

冒頭のSCENE 4には、筆者が企業の取材等を通してヒアリングした中で感じたまさに“あるある”な部分が表われています。長引き過ぎたコロナ禍からの復活に向けて奮起するためにも、余力のある顧問先であれば新規事業計画を企てるのは当然重要なことであり、税理士先生や事務所の職員の方は、このようなパワフルな顧問先の姿勢や想いを尊重しながら指導・支援する場面が多々あるはずです。

しかしながら、肝心要の人材については、新規採用への応募や人材紹介会社からのあっせんを期待している顧問先の経営陣は、筆者の経験からしても決して少なくないものです。

もちろん、顧問先がこれまでまったく手掛けたことのないジャンルの事業であれば、経験者を新規採用する方がローリスクかもしれません。また、新しい土壌からの人材を投入し、新風を起こしてもらって、その事業計画が有利に展開することはもとより企業内全体を活性化することが狙いであればそれでよいかもしれません。

ただ、その選択が本当に相応しいのか？　顧問をしている税理士先生・職員の方々は、適切に質問をして、課題・問題があれば善処する必要があるでしょう。そのためには、あなたの質問力と、定番の財務諸表や予算実績表が武器になります。

例えば冒頭のセリフの例のように、新規事業計画を進める際、あるいはそこまでいかなくても、今後も清算する予定がなく事業を継続するのであれば、ある程度の時間を割いて、まずは人材育成に掛かる研修費の総額やOJTの内容と投入時間を質問し、具体的に財務諸表類や予算実績表等の中のどの箇所でどういった効果が表れたのかをヒアリングしてみてください。

もちろん、早い段階において財務データに表れていなくても、社員らとの面談やアンケートをした結果などの非財務的なデータから、「精神的ストレスが軽減している」、「業務の省力化が実現している」といった効果が出ているかどうかも確認してみてください。

もしもそこで明確な応答が聴こえてこない、あるいは効果が見えてこないのであれば、経営リソースである人材の育成やメンテナンスについて具体的な策を講じていない可能性が高いため、新規事業計画を策定するにせよ、既存事業を続投するにせよ、上手くいかないであろうことは目に見えているでしょう。

現時点での人材育成に関わる問題箇所を抽出し、時にシビアな提言ができるのは、あなたしかいないという場合もあるのです。

是非、心して顧問にあたってみてください。

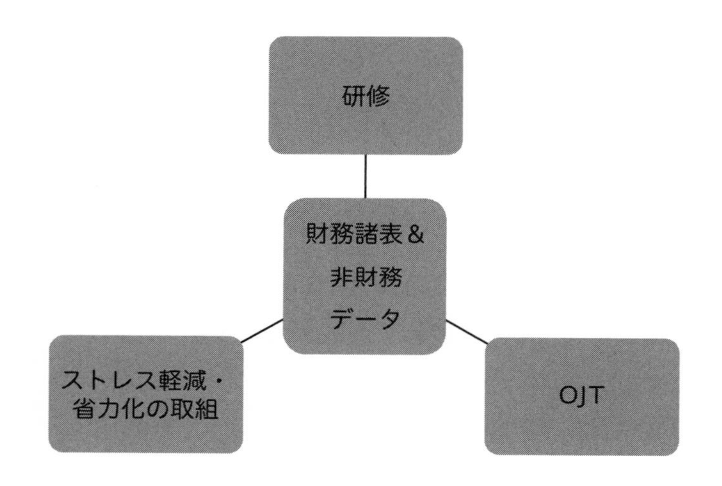

効果のほどは？

顧問先がしっかりと応答できているか確認する！

SCENE 4 POINT

- 経営陣から、「人材育成」というワードが聴こえてきたか？
- 小手先の研修実施→効果検証のみでは NG ！
- 財務データ＆非財務データの両面、あるいはいずれかでも、これまでの人材育成にかかる効果を確認する！

SCENE 5

ジェンダーギャップに配慮のある役割分担をしているか？

顧問先 SCENE 5

役割分担の再編。無意識の“あるある”を掬う・救う

経理部長

「今年度も早いもので、決算期が近くなりました。これより役割分担表を配信しますので、確認してください。」

【数日後の経理部の風景】

経理部員Ａ

「毎年、代り映えしないわね。」

経理部員Ｂ

「どうせ去年の“役割分担表”のコピーでしょ。」

経理部員Ｃ

「私は今年入社したので、ここでの決算業務は初めてです。Ａさん、いつも私の指導にあたってくれているのに、この一カテゴリーの担当なのですか？てっきり、統括するのかと思っていましたよ。」

経理部員A

「そんなわけないでしょ。私は子どもの保育園の迎えがあるし、残業ができないから…。」

★今どきは少なくなったはず？　最終確認をする立ち位置でもある、あなたの存在。

“ジェンダーギャップ”というワードの本質を追求したり、そもそもの問題点を掘り起こしたりといった姿勢は、わが国日本においても徐々に広まっているようです。

しかしながら、その広がりがあまりにゆるやかなスピードなので、2022年版の「ジェンダー・ギャップ指数」（世界経済フォーラム発表）では、日本は146カ国中116位と主要７カ国（Ｇ７）で最低レベルにあります。

こうした事態に、本書をここまでお読みの税理士先生や事務所職員の方であれば、決して“畑違いのコンサルだから他人事”と考えることなく、該当する顧問先の声を傾聴して改善への道を探ろうとお考えになることでしょう。その理由は、繰り返しとはなりますが、ジェンダーギャップによって人材の潜在能力が表出されない顧問先の存在があるのだとしたら、その顧問先は社会経済へ貢献する場を失う危険性があるわけで、長引き過ぎたコロナ禍からの真の意味の“原点回帰”に向け、顧問先に対して指導・支援する立場であることを既に自覚されているからです。

瀕死の経営状態にもかかわらず、悠長に旧態依然のスタイルを貫き、ジェンダーギャップが見え隠れしている人事体制を持続させようとする顧問先があるのなら、これから先の経営維持が成り立つはずなどなく、顧問としてあなたが真っ先に阻止する必要があるでしょう。

中には、相手方である顧問先との関係性が先代から続いているため、あなたが前面に立ってコンサル活動をすることは難しいといった実情があるかもしれませんが、それでもここで諦めて意見発信しないのではなく、そもそものあなたの役割が何なのかを今一度振り返り、遠慮なく邁進する必要があるのではないでしょうか。

（1）あなたの“事務所”からテコ入れしては？

大変失礼な物言いになりますが、まずは顧問先の指導にあたる前に、あなたが率いている、あるいは職員として活躍している“事務所・法人”の状況について振り返ってみましょう。

もちろん、規模によっては少人数体制のところもあるでしょうが、男女を問わず一人でもスタッフを雇っているのであれば、その方（あるいは、職員である“あなた”）の能力を充分に発揮できるシステムが構築されているのか、再考してみてください。

システムと言っても大掛かりなものではなく、例えばスタッフと定期的に面談等を行い意見や意向を掬い上げるような場を設けているか、あるいは複数のスタッフが働いているのであれば、管理者も含めたミーティングを行い課題や問題点をあぶり出して、解決策を検討、実践するような仕組みになっているかなど、性別や役職を超えて、その人材が活き活きとして実際に事務所に役立つことができるような機能の有無のことなのです。

もしも不充分であれば、実際に機能するシステムを構築するよう軌道修正を進める必要があるはずです。

ここで気をつけたいのは、"ジェンダーギャップ"と聞くと女性についての問題と捉えがちですが、男性も同様に、その人の個性や能力に応じてではなく単なる性別のイメージのみで役割を任されることで生産性が下がることが充分にあり得るということです。

シンプルな方法ですが、性別や年齢云々にこだわらず、スタッフに対し「何が課題だと思うか？」、「どこが問題か？」、「どうすればよいか？」など、"What""Where""How"といった疑問詞を工夫して使いながら、その方の言葉をニュートラルな姿勢で傾聴してみてはいかがでしょう。男女云々の差などまったく関係なく、管理者クラスが思いもつかなかった顧問先に対する支援についての斬新なアイデアが発せられるかもしれません。

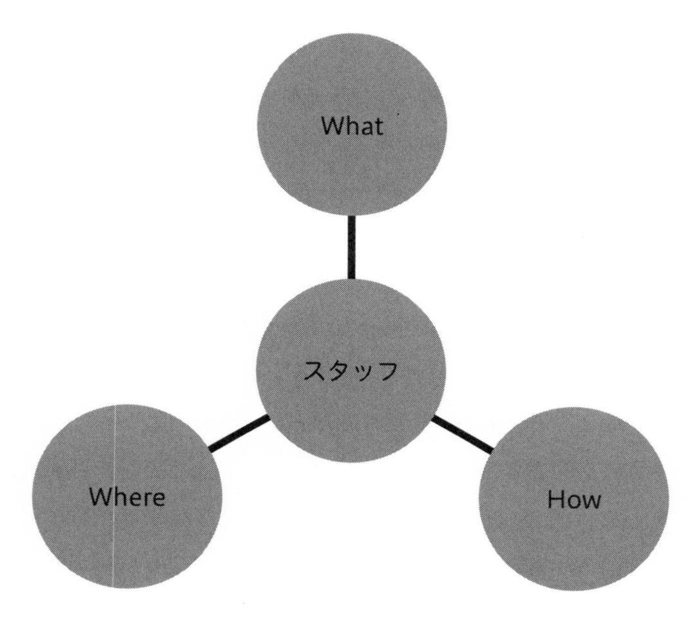

～疑問詞を工夫してスタッフに質問する
→課題・問題の表出→改善策の実践～

こうした取り組みを見本として顧問先に紹介することで、お互いの改善に繋がり、相乗効果が期待できるのではないでしょうか。

是非、前向きに取り組んでみてください。

（２）当事者意識を促す

わが国においての“ジェンダーギャップ”について議論する際、「企業が悪い」「社会のせい」「政策が機能していない」など、どうしても自分以外に責任転嫁してしまいがちです。

もちろんこれらも正しいと思いますが、日々、仕事等を通して社会参画している人であれば、“ジェンダーギャップ”について個々が当事者意識を持ちながら、改善する方向へ進めることも、ギャップを埋めるためには欠かせないのではないでしょうか。

例えば、冒頭のセリフの例では、女性と思われる経理部員Aは日常において子どもの迎えがあるといった時間的な制約を抱えているがために、“残業できない→決算業務の統括などできない”との思い込みがあり、おそらく周囲もそれが当たり前であると思っている空気感が漂っている様子が伝わってきます。この場合、当事者であるAさん、あるいはAさんから仕事の指導を受けている経理部員Cさんが、前年度と代り映えしないコピーのような係決めをした上長に対して意見発信をすることは、先々の未来を担う人材のためにも最低限必要な行動であるはずです。

もちろん、単なる批判的なクレームとしての意見発信では効き目がないでしょうし、発信する側も受信する側もよい気持ちがしないでしょう。

例えば、「今回の決算は、残業ゼロを目指して役割分担や方法を刷新しましょう」、あるいは「日頃から業務指導にあたっているAさんには統括にあたってもらうことで、全員の仕事がスムーズに回るのでは？」と具体的で先進的な内容を発することで、組織全体が進歩するかもしれません。こうしたプレゼン術は、日頃から顧問先に指導・支援しているあなたであれば、お手の物でしょう。あなたが前面に出て指導をすることは難しくても、顧問先の経理担当者に適宜アドバイスしながら、後押し役を担ってはいかがでしょうか？

SCENE 5 POINT

- あなたの事務所のシステムを顧問先に勧める＆進める！
- ジェンダーギャップは女性のみの問題ではない。
- あなたの持ち前の“プレゼン術”で、経理部員らにアドバイスし、ギャップを埋める！

SCENE 6

時間管理は充分に行われているか？

顧問先 SCENE 6

時間管理の再考＝仕事の意義の再考

～毎年の定番、決算業務 SCENE ～

経理部長

「早いもので、今年も決算期を迎えます。皆、心身に気を配りながら、職務にあたってください。」

経理スタッフ A

「もうそんな時期なのですね。年中行事ですよ、我々にとっては。すっかり慣れましたよ。」

経理スタッフ B

「私は人事異動で経理に配属されたので、慣れないと思います。迷惑をお掛けしないとよいのですが…。」

経理部長

「A さん、B さんへの指導、お願いしますね。まぁ B さん、あまり気負わずに頑張ってください。」

経理スタッフ A

「大丈夫ですよ。決算も定型業務の一つなので、同じことの繰り返しです。Bさんならすぐに慣れますよ。」

★時間管理がなされていない→成長の機会を失っている？

SCENE 5に引き続き、このSCENEでも決算業務を場面設定しておりますが、SCENE 5とは別の顧問先の様子です。

決算業務は、顧問先にとって年中行事の一つである、いわゆる年次の定型業務なのですが、年に一度しかない定型業務であるが故に、これまでの方法を振り返る場を持つことなく進められるといった悪しき習慣化が起こりがちだというのが、筆者も取材等を通して多く経験してきた“あるある”なのです。

ひょっとしたら、方法を改編することで時間短縮が実現でき、捻出された時間をもっと別のコア業務にあてることが可能なのに、それを怠ってしまうために、経理部員自身の経営管理者としての成長、ひいては自社の発展の機会を失っているかもしれず、実は非常に危険なことでもあるのです。

もちろん、心配に及ばない顧問先も多々あるでしょうが、わずかでも危険要素が感じられるのであれば、ウィズコロナ時代に向けて経営改善は難しいはずですから、是非、税理士先生・事務所の職員といった立場・能力を全面に活かして、指導・支援にあたってください。

（1）毎月の定型業務の中身をチェック！

言うまでもなく、決算業務は、月次業務の積み重ねを経た上でのクライマックスにあたります。

そこで、まずは月次にあなたのところに配信される経理関連の仕訳データや資料などから垣間見ることができる時間管理のほどがいかがなものなのか、顧問先ごとに確認してみてはいかがでしょうか？

以下にチェックリストを用意しました。

～顧問先の“時間管理”のほどは？チェックリスト～

①データ・資料の提出期限が守られないことが度々ある。
②手書き、紙ベースといった提出資料が多い。
③長年に渡り同じスタイルで行われている。
④簡素化・省力化の方法をアドバイスしても改善されない。

いかがでしょう。おそらく、完璧な顧問先よりも、一つくらいは思いあたる節がある顧問先の方が多いのではないでしょうか。

これまでは、たくさんの顧問先を抱えていたため伝えづらかった、あるいは、正直諦めていた…など、実情は様々あるでしょう。

しかしながら、くどいようですが、ビフォーコロナの頃とは異なり、経営難から脱却しなければならない顧問先の経理担当者は、経営管理者として本質的な職務に邁進する必要があるわけで、時間管理は必須能力です。

彼ら・彼女に対して、親身になってのアドバイスを講じてはいかがでしょうか。

（2）尊重の“フリ”でもよい。シビアな指導を！

とはいえ、いきなり「時間管理を徹底しましょう！　無駄な紙ベースをゼロにしてデータ化しましょう！」と声高に指導したところで、反感を買うだけでしょう。

まずお勧めしたいのは、なぜ時間管理ができていないのか、その理由をヒアリングして実情を知ることです。ひょっとしたら、税理士先生や職員の方からすれば「こちらを優先すればスムーズに終わるのに、なぜ？」と思われる事項でも、顧問先からすればかなり重要度が高く、優先順位が下げられない事情が潜んでいるかもしれません。

例えば、先代から続く顧客の対応が最優先されるために、定型業務を担う担当者までもが駆り出されている、あるいは社員皆で協力し合わなければならない重要な行事があるなど、その顧問先ならではの事情による最優先課題が、実は少なからず存在するものなのです。

もしもこのような実情があれば、まずはそれに対して尊重の念を示した上で、徐々に改善へと導くのが懸命でしょう。

しかしながら、“尊重”の念ばかりを第一に行動していたら改善が難しいケースもあるはずです。

顧問であるあなたからすれば、理解しにくい壁にぶち当たることがあるかもしれません。その理由は、相手は自身の職場環境しか知らない、井の中の蛙だから…ということであるのなら、まさに第三者であり、社外コンサルタントの立ち位置のあなただからこその、シビアな指摘が可能な場合もあるでしょう。よって、時にはテクニックの一つとして、尊重する“フリ”も交えながらの指導が奏功することもあるのではないでしょうか。

まずは、提出物の締切日が守られないことの改善や、いつまでも昭和時代を引きずっているような紙ベースの資料からデータ化への移行を勧めるなど、最低限のことには着手してもらうようにしましょう。方法としては、提出物や紙ベースの資料の一部からでも、徐々に締切日を遵守させたり、時には顧問先のオフィス内に踏み込んでデータ化を実践したり、シンプルかつ地道な支援も視野に入れることで、顧問先が自らを省み、自発的に改善に動き出すケースがあるかもしれません。

こうした基本どころを等閑にしていると、顧問先の社員らの成長などあるはずなく、ひいては、そのような社員により企業が運営され続けていけば、企業の発展も難しいはずなのです。

是非、遠慮せずに踏み込んでみてください。

（3）マクロ視点で時間管理のメリットを見つけてもらう

最後は、顧問先に対し、時間管理のメリットについてマクロ視点で指導することをお勧めします。すなわち、時間管理の最大のメリットである「課題・問題が早期の段階で解決できること」を軸にした指導です。

その方法は、ここでも効果的な質問の仕方が重要です。定例化している会議や定型作業にフォーカスし、その担当者に、「どうすれば限られた時間の中でパフォーマンスが上がるか？」、「あなたはどうしたいのか？」、「何が足かせになっているか？」といったように、“How”“What”の疑問詞を使い分けて、突き詰めて尋ねてみるのです。

もちろん最初はスムーズに答えが返ってこないこともあるでしょうが、繰り返していくうちに何かしらの進展が見えてくるはずです。

こうした経験を重ねるうちに、その職務の最終目的を改めて認識したり、どうすればさらに貢献度が上昇するか検討したりと、その社員の成長への道に繋がるはずです。

時間管理は侮れません。顧問先の社員の成長のみならず、その顧問先の発展へと繋がっていくのです。

SCENE 6 POINT

- 定型業務に関する提出物から、“時間管理”の意識のほどが見え隠れしている。
- 時には尊重する“フリ”をして、シビアな指導を！
- マクロ視点で、質問を工夫しながら“時間管理”のメリットを伝える。

SCENE 7

経理業務のDX化は、仕事の“本質”がわかっていないと上手くいかない！

顧問先 SCENE 7

空回り＆独りよがりの“DX”導入は危険！

プロジェクトリーダー

「この“原価管理自動化システム”を導入することで業務フローが変わりますので、詳しい仕様を皆さまに情報共有します。特に経理部員の方には覚えていただくことが多いのですが、何かご質問はありませんか？」

プロジェクトスタッフ

「ほぼ予定通りのスケジュールで進められていますね。」

プロジェクトリーダー

「もちろん、それは最低限のことですよ。」

経理部員

「DX導入プロジェクトチームの皆さまには悪いですが、現在の製造原価のコントロールシステムは3年前に改変され、問題もゼロではないですが何とかやっているのですよ。一体、このシステム導入のメリットは何ですか？」

プロジェクトリーダー

「…？　もちろん、経理部員と製造部員の業務の軽減化と、原価圧縮が目的ですよ。」

経理部員

「そうですか…。本当に軽減化に繋がりますか？覚える操作が増えて、かえって手間になるだけではないでしょうか？」

プロジェクトリーダー＆プロジェクトスタッフ

「…？」

★たくさんの時間＆資金＆人件費を使うケースも考えられる！ DX 導入

ここ数年間のうちにDX（デジタルトランスフォーメーション）というワードはいたるところで頻出するようになり、すっかり定着しています。

既にDX導入にあたっている顧問先、あるいはまだまだ遠い未来の話であると感じられる顧問先など、状況は様々でしょうが、おそらく、あなたが指導・支援する顧問先においても、導入されるペースが加速しているのではないでしょうか。

もちろんDX導入と一口に言っても、その道のりは平坦であるはずがなく、多くの時間や資金、そして人件費を投入してようやく漕ぎつけるケースが大半でしょう。

単に時代の流れを追うかのごとく、見切り発車や勇み足といった様子が見え隠れしているようであれば、改めてDX導入の目的や導入効果を再考する必要があるはずです。

（1）必ず実務担当者をプロジェクトチーム等に参画させる！

顧問先がDX導入を進めるのであれば、まずはその目的や内容に大きく関わっている部署とその実務担当者がプロジェクトチームの一員になっているか確認することが基本でしょう。冒頭のセリフの例をここで再度ご覧になってください。

本来は製造原価のコントロールをすることが目的であったのでしょうが、経理担当者を蚊帳の外にして進めたために、"かえって手間が増えそう"と思われる展開になっています。これは典型的な失敗パターンであると言っても過言ではないでしょう。

筆者も、DX導入といったワードがまだ存在せず、IT化を進める企業が増え始めた時代の話ですが、各企業のシステム導入に携わった際、本来の目的に沿った運用のされ方が実務担当者に伝わっていないがためにかえって二度手間になっているケースや、経営陣やシステム業者に"丸投げ"をして、要望とはまったく異なる機能が納品された、といったケースを見聞きしたものです。こうした問題は何もDX導入時のみならず、他のシステムや新機能を導入する際においても同様に生じるかもしれません。

まずお勧めしたいのは、上層部や各部門のマネージャークラスのみで物事がジャッジされやすい、あるいは経理などの実務担当者がどちらかと言えばおとなしく、意見発信するようなタイプではないという顧問先について注意を払うことです。

言うまでもなく、実務担当者にとっての目的が達成できないDX導入は、その顧問先におけるシステム導入に掛かる人件費や導入コスト、そしてシステムの調達資金を無駄にしてしまう危険性が伴うため、その企業自体にとっても大きなマイナスです。「自社をよくするためのシステム導入が真逆の結果にならないか」、こんな最低限のことにも気づかない組織は、実のところ珍しくありません。

こうした本末転倒な顛末を絶対に避けるためにも、プロジェクトチームのメンバーの確認は必須です。

税理士先生や職員の方々は、顧問先ごとの決算期や次期の事業計画策定時などにこうしたDXシステム導入の予定について見聞きしたのであれば、具体的な工程表や導入に関わるプロジェクトメンバーの面々を確認し、改善すべきところの有無を探りながら指導・支援する必要があるのではないでしょうか。

(2) 関連部署に当事者意識を促す!

DX導入の際、関連部署の社員ら一人ひとりが当事者意識を持ってそのシステムの活用策を探るための場を設けてDX導入を実現することができれば、これまで以上の生産性アップや顧客満足度向上にも繋がるはずです。関連部署の社員が「DX導入など、自分の担当ではない」とせっかくの機会を無駄にしてしまわないように、少なくとも進捗状況のチェックをさせる場は欠かせないでしょう。

大切なのは、導入から実践に至るまで関連部署と連携しながら進めること。それに尽きるでしょう。そもそもの課題があり、それらをクリアさせるという目的達成のためのDX導入であるはずです。

関連部署に対して、進捗状況についての情報を共有したり、意見を募ったりといった行動をプロジェクトリーダー等が行うことで、"他人事"だと思う気持ちが薄れるものです。税理士先生や職員の方々は、DX導入のフローを確認し、関連部署とミーティングをしたり情報の受信発信をしたりといった場が設けられているか、確認する必要があるでしょう。

細かな目配りでしょうが、ここまでの顧問先への"組織への踏み込み"は、かなり喜ばれるはずです。

是非、実践してみてください。

（３）マクロ視点で効果を検証する！

ラストは効果の検証です。DX導入を図るにあたり、検討に時間を費やしたり、人件費を使ったりと多額の資金投入をした顧問先もあるはずです。よって、DX導入の効果について検証することは、最低限、当たり前のことでしょう。

そこで、何をもってOKとするかですが、企業経営の使命を基準にするのであれば、単に社内の経営活動フローが良好になったという点のみならず、マクロ視点で見て社会貢献等に繋がっているか否かも含めた評価が必要なはずです。

例えば、原価管理の自動化システムについてDX導入を行ったのであれば、社内での原価圧縮がスムーズに進められたかどうかという点のみならず、特定の仕入れ材料の削減により調達までの諸々の課題がクリアされ、結果として排出されるCO2が減って地球環境問題にも奏功していたか否か、という広い視野での評価項目が必要かもしれません。

DX導入がマクロ＆ミクロの両面で役立つのかどうか、シビアなジャッジを下すのが税理士先生や職員の方々であるケースもあるでしょう。ここまで読んで、「なぜ、我々がここまで…」と思われる方も多いかもしれませんが、DXとは単にアナログからデジタルに移行するということではなく、デジタル技術を応用することで、組織ひいては社会のあり方を変革することであり、だからこそ、外部コンサルタントという第三者の視点からのシビアな指導・支援が奏功するのです。

是非、あなたならではの視点で、一歩踏み込んで顧問先に沿った指導・支援を進めてみてください。

SCENE 7 POINT

- 実務担当者をプロジェクトチームに参画させているか？
- 関連部署に当事者意識を促す。
- マクロ視点でも“DX 導入効果”を検証する。

SCENE 8

テレワークの浸透率は？　社内文化が丸わかり

顧問先 SCENE 8

“テレワーク＆リモートワーク”を無関係と思う企業をピックアップすることで、組織のひずみが浮き彫りに？

事務系社員 A

「ウチの取引業者の○○さん、テレワークのおかげで通勤時間が減って、ストレスが軽減されたらしいよ。」

事務系社員 B

「私の友人もリモートワークのおかげで睡眠時間が確保できている、って言っていたし…。」

事務系社員 A

「まぁ、テレワーク・リモートワークを導入したことで、かえって社内コミュニケーションがとれなくなったり、家での面倒なことに気を取られたり、って弊害もあるみたいだけど、ウチは何しろ製造業だから、導入が難しいね…。」

事務系社員 B

「それが本当の理由かしらね？　ウエの人間の頭が

固いからでしょ？」

事務系社員Ａ

「確かにね。現場社員に気を遣うのはわかるけど、私たちの職種だったらパソコンとクラウドの環境が整っていればどこでも仕事はできるのに…。とにかく、ウエが昭和の頭で柔軟性がないんだよ。」

★今さらながら？　テレワーク・リモートワーク未導入の顧問先の検証

さて、今さら感を持つ方もおられるでしょうが、そもそも、テレワーク・リモートワーク（以下「テレワーク等」）はなぜ必要とされたのでしょうか？

もちろん、新型コロナウイルス感染拡大防止のため、通勤者・出社人数を減らすことが主な目的です。社員らを感染から守りながら、仕事の生産性を維持するため、といった理由もあるでしょう。しかし、これらの理由はテレワーク等を導入する本来の目的とは言えません。コロナ禍という大きな変化に起因して、自社の生産性を維持しつつ人的資源の安全を確保するために働き方の改変に踏み切った企業は、企業経営の本質に則って、そもそも至極当然だった行動をとっているまでのことなのかもしれません。

本書は税理士先生や職員の方々向けに執筆していますが、もしも「自社はテレワーク等を導入していない…」という一般企業の経営陣クラスの方が冒頭のセリフを見たら、目を伏せたいと思われるかもしれません。

ただ、そのような感情を持つような経営陣の方であれば、何らかのきっかけによりテレワーク等の導入を視野に入れる可能性があるのではないでしょうか。

そのような方にとっての“きっかけ”が本書のこのページであっていただきたい、また、税理士先生・職員の方々には是非その後押しをしてもらいたいといった願いも込めて、記述を進めていきます。

（1）導入可能な職種は、まず実践してもらう！

冒頭のセリフの例のような、“製造業”といった業種や規模などを理由に「導入したいけれど不可能だから諦めている」というケースは容易に想像できます。

ここで、単に想像するだけに留まらず、顧問先ごとに状況をヒアリングしてみてください。ひょっとしたら、あなたが適切なアドバイスをすることで背中を押すことができるかもしれません。

例えば、製造業のみならず接客業や医療業界など、現場でモノを製造したり、店舗で顧客に接したり、あるいは患者を診たりといった職種の場合、職場全体でのテレワーク等は難しいのでしょうが、マネジメントを担う管理職や事務系社員であればできる可能性は高いはずです。

もちろん、このようなアドバイスをしても、「同じ会社内なのに、不平等が生じるから…」といった意見が出てくるのは想定の範囲内でしょう。

そこで、まずはテレワーク等が可能な職種の方から導入してもらい、次に現場社員らについてもテレワーク等の実現方法を探ると同時に、できるだけ不平等感を抑制するための策に尽力することが基本でしょう。

シビアですが、この一歩の踏み出しに躊躇するような姿勢の経営陣では、ウィズコロナ時代という茨の道を歩くことは困難であるかもしれません。

（2）不平等感の抑制は、まさにマネージャークラスの腕の見せどころ

次に、高い確率で生じると思われる“不平等感”の抑制について考えていきましょう。

こうした課題については、税理士先生や職員の方々が顧問先の組織内に踏み込みすぎることなく、遠巻きから指導・支援するほうが効果が高いのです。

例えば、顧問先の総務や人事の責任者らと会し、責任者同士が互いの英知を結集させてアイデアを積み上げ、よりよい方法を採択するという場を設定してもらうだけでも、進展が期待できるでしょう。

すると、責任者ら個々の潜在能力が表出して、“テレワーク等の導入＝感染予防が確立できる物理的スペース確保＝社員らの安全確保”といった目的を全社員に共有したり、テレ

ワーク等を実践している社員らの業務の進捗状況をできるだけオープンにしたりといった抑制策を提案する責任者が現れるでしょう。

すなわち、マネージャークラスがいかに“マネジメント”をするか、そこに尽きるのです。

顧問先ごとのテレワーク等の実情をヒアリングしながら、マネージャークラスがどこで、どのような場面でその役割を果たそうとしているのか、探ってみてはいかがでしょう。案外、メスの入れどころがあるかもしれません。そこでようやく、あなたの出番が見えてくるのではないでしょうか。

（3）変化に対応できる経営者は導入している！

テレワーク等の導入のきっかけとしては、長引き過ぎたコロナ禍が大きく影響しているでしょうが、実践できた顧問先は、そもそも変化に対応できる組織体制だったからこそ実践できているのではないでしょうか。

すなわち、そのような姿勢の顧問先は、これから突入し長く続くであろうウィズコロナ時代の中で生じる“変化”についても、柔軟な姿勢で対応できる可能性が高いでしょう。

ひょっとしたら、こうした対応力は、最も重要な経営リソースである“人材”を取り巻く環境を最優先に検討してしかるべき手段を選択する力であり、企業経営を続ける上で基本的なことなのかもしれません。

ここまでお読みになって危うさが感じられる顧問先が思い

浮かんだのであれば、テレワーク等の導入を皮切りにして、柔軟性のある体制構築を勧める必要があるでしょう。

是非、ここでも一歩踏み込んでの指導・支援を講じてみてください。

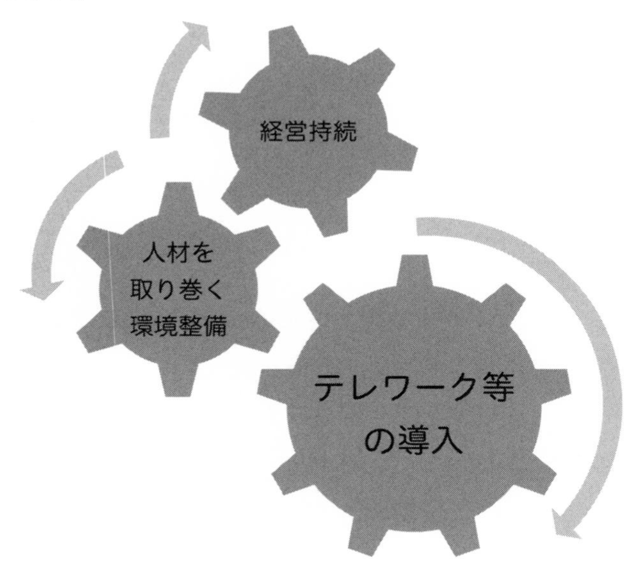

SCENE 8 POINT

- 導入可能な職種から導入する。
- “不平等感”はマネージャーが抑制する！
- 柔軟な対応ができる体制構築を勧める！

SCENE 9

“財務視点”なんて当たり前！という経営陣を主流化させる

顧問先 SCENE 9

PL 経営からの卒業をしないと、次のステージへ進めない。

経営者

「A 部門は、ようやく利益体質になってきましたね。」

経理部長

「ただし、この利益額では借金の返済がままならず…。今後もこれだけの設備投資計画があるのであれば、もっと財務状況をよくしないといけません。」

経営者

「何ですか…？　あなたの意見は、わかりにくいのですよ。今後も設備投資計画は必要です。財務面など、あなたがしっかりとあたってくれればよいのです。それが、あなたの仕事でしょう。」

経理部長

「…。」

経営者

「それでは、次の議題に進みましょうか…。」

★この期に及んでPL経営の顧問先はないか？

“新型コロナウイルス感染による事業悪化”、“未曾有な経営状況の悪化”など、長引き過ぎたコロナ禍に起因する混沌とした企業の経営事情については、既に充分述べてきたところです。

既出の項でも述べたように、PL（損益計算書）ばかりを注視する経営陣がタクトを振るような体制では、よほどの潤沢な資金がない限り、危ういのは言うまでもありません。まずは、そのような顧問先がないかチェックすることが肝要でしょう。

ここでお勧めするのは、経営者や役員、部長クラスが自社の経営について普段どのようなワードを発しているか、何を気にしているのか？といったところを注意深く探ることによって危険性をあぶり出すという方法です。

例えば、自社の経営状況を語る際、“売上”に関連するワードばかりを口にしたり、あるいは、わずかでも利益が計上されれば安心したり、といった姿勢なのであれば、まさにPL経営であることは間違いないでしょう。

ウィズコロナ時代に突入しても同様のスタイルで経営を続けるつもりなのかをシビアに判断して、財務状況やキャッシュフローも注視する経営体制を勧めることは、もはやマストな支援であるはずです。

顧問先の現状を見据え、一円でも利益が出れば御の字といったレベルの低い“経営ごっこ”からの脱却を進めることができるのは、まさにあなたしかいないのかもしれません。

さて、具体的にどのような指導・支援をするべきか、以下に記述してまいります。

（1）経営指標の見直し

まずは、PLばかりを見つめているような経営姿勢を顧問先から感じるのであれば、BSやキャッシュフロー（CF）計算書の出番を増やし、顧問先に対して“BS & CF”のプロモーション活動をしてはいかがでしょうか。

例えば、これまで実績表の位置付けとしてあなたがPLを中心とした解説をしていたのであれば、今後は資金の動向を先に示して、その背景を説明し、その結果どのように資産・負債が変動し自己資本がどのように増減したのか？といったようにあえてPLを外して解説することで、顧問先の反応が変わることは間違いないでしょう。

中には冒頭のセリフのように、「先生が何をおっしゃっているのかわからない」という感想を述べる顧問先が出てくるかもしれませんが、やがてはあなたがその顧問先の状況に応じた通り一遍ではない指導・支援策を講じていることも伝わり、今後の経営指標の見直しについて検討してくれるようになるかもしれません。

是非、顧問先ごとの反応を注意深く観察しながら、経営指標の見直しを図ってみてはいかがでしょうか。

（２）顧問先で活用される経営会議の資料を見直す！

次に、顧問先内部に少し踏み込んだ指導・支援策を考えていきます。

経営者会議や部長・課長会議といった場を設けている顧問先は少なくないでしょう。そこで、顧問先が会議において活用している資料がどのような構成で作られているのかしっかりと精査して、時には軌道修正してもらうことも、基本的ですが重要なところではないでしょうか。案外、月次の会議などは形骸化していて、中身が薄い例があるかもしれません。

会議資料をあなたが精査し、資料がPLに偏っていそうな顧問先があれば、財務状況やキャッシュフローを重点に置いた資料に改変することをあなたから提案し、その顧問先の文化に沿ったわかりやすく見やすい財務諸表の作成方法を伝授してみてはいかがでしょうか。

顧問先の知識レベルや社内文化などに応じたオリジナルな方法を提案・実践することで、顧問先は前向きな気持ちで将来の経営スタイルを見つめ直すようになるかもしれません。

是非、適宜踏み込んでみてください。

（３）経理担当者にプレゼン術を身に着けてもらう！

当たり前のことですが、税理士先生や職員の方々のほとんどは顧問先内のオフィスに常駐しておりませんし、複数の顧問先の指導にあたっていることでしょう。

よって、その立場を活かして顧問先の経営事情や財務についての知識レベルに応じた指導・支援を定期的に講じることで一定の効果はあるでしょうが、特に長きに渡ってPLに焦点を当てた経営を続けてきた顧問先であるほど、財務視点経営に素早く切り替えるというのは困難であると考えられます。やはり、その顧問先に勤務している経営管理を担う人材に、方針を切り替え、持続させるための行動をとってもらうことが、自然であり効果も高いはずです。

そこでお勧めしたいのが、顧問先の経理担当者と共に、経営陣への適切なプレゼンテーション方法を模索して実践することです。

税理士先生や職員の方々は対面やオンラインで顧問先にアドバイスする機会が常日頃からあるはずであり、もちろん人により得手不得手や経験年数にバラつきはあるでしょうが、一定のプレゼンテーション力は身についていることでしょう。

まずは､顧問先の経理担当者自身がBSやキャッシュフロー計算書の読み方を理解しているかどうかを確認し、レベルに応じた指導・支援を行います。その上で、どのようにすれば経営陣らが財務視点を持ち合わせるようになり、PL経営からの脱却、財務状況の正常化を図ることができるのかを互いに検討し合うことで、その顧問先に適した方法が見つかるかもしれません。

例えば、預金通帳ごとの収支の動向を見せた後に、BS上の貸借の変動とキャッシュフロー計算書を経営陣らに対して提示することで、自社の実態を肌身で知ってもらう契機となり得るでしょう。このように、身近な“預金通帳”を起点としたプレゼンテーションを皮切りに前進すれば、徐々にでも経営陣らの財務視点が養われるでしょう。

税理士先生や職員の方々が前面に立って指導・支援にあたるばかりではなく、あなたが持ち合わせている能力であるプレゼン術を経理担当者に伝授する。こうした方法も取り入れることで、顧問先の経理担当者のみならず、経営陣、ひいてはその企業全体が安定性のある経営を継続できるかもしれないのです。

次回、指導・支援する際にでも、取り組んでみてはいかがでしょうか。

SCENE 9 POINT

- 顧問先ごとに見せる経営指標を見直す。
- 経営会議の資料の構成をチェック！　PL ばかりではないか？
- 経理担当者にプレゼン術を伝授し、顧問先の“財務視点”を養ってもらう。

SCENE 10

給与アップ！を本気で検討→実践する！

顧問先 SCENE10

給与アップの実現は企業の使命。本腰を入れてもらうには？

人事課長

「今期の採用計画の進捗がよくありません。募集をしても応募者が少なく…。」

総務課長

「それより、離職率が高い理由は分析できているのですか？」

営業課長

「総務課長、それは愚問じゃないの？　ウチは他社と比べて給与水準が低いことが、一番の理由よ！」

人事課長

「そのとおりです…。」

営業課長

「ねぇ、私たち課長らで行動を起こさない？　働き方改革やらで無理なノルマ制度は改善したけど、ウチは人材に対する敬意が薄いんじゃないの？」

総務課長

「では、経理課長も交えてプロジェクトチームを立ち上げましょうか？　給与アップを実現するための…。」

全員

「異議なし！」

★給与アップは、あなたが顧問している企業から実現させる！

このところのインフレ率の上昇により、生活が苦しくなっていると感じている人は少なくありません。

長引き過ぎたコロナ禍も大いに影響し、心身ともに疲弊している人が多い中、“仕事があるだけマシ…”という慰めなど通用するはずもなく、懸命に自社・社会のために職務にあたっている人であれば、もっと声高に給与アップを求めてよいはずであり、本来であれば企業側も応じるべきでしょう。

しかしながら、コロナ禍による業績低迷により、給付金や補助金でようやく経営を回していた企業が多い中、税理士先生や職員の方々が顧問先の経営陣に対して給与アップを提言することは憚れるかもしれません。

しかし、ここで躊躇していたら、この先も意見発信をする機会などないでしょう。給与は人件費であると同時に経営リソースの中でも最も重要な人材への正当な分配であり、かつ投資であるという考え方は、決して理想論ではなく事実であるということを顧問先の経営陣らに認識してもらうことが肝要なのです。

給与の適正化を実現させる顧問先が徐々に増えていけば、他の企業も影響を受けることが大いに期待できるのではないでしょうか。

では、具体的な策を考えていきます。

（1）分配の在り方を正しく疑う！

まずは、今さらと思われるかもしれませんが、給与分配の在り方を正しく疑ってみてください。

ここは、経営コンサルタントの立ち位置として、税理士先生・職員の立場から、顧問先ごとの財務諸表や部門ごとの実績表といった経営指標と給与規程を併せ見て、本当にフェアな評価で給与分配が行われているのか否か、シビアに俯瞰してみるのです。

例えば、業績が低迷しているにもかかわらず役員クラスの報酬に変動がない、あるいは一定の部署のみ減額がないなど、疑問視される顧問先の存在はないでしょうか？

これまでは、税理士先生や職員の方々がここまで踏み込まずにいたケースもあったでしょう。しかしながら、正当な分配がなされなければ能力の高い人材は流出するはずであり、人材を軽視する企業には、やがて衰退の危機が訪れるでしょう。

思いあたる顧問先をピックアップして、あなたから適正な分配の在り方を示し、いつまでに対応するという期間を決めた上で善処を促してみてはいかがでしょうか。

（２）人事制度の透明化を図る

次に、人事制度について振り返っていきましょう。人事考課の構成が人的資源を活性化できるシステムなのか、もしビジネスパートナーに社労士がいればタッグを組んで、顧問先ごとに精査してみてはいかがでしょうか。

ここで、筆者がお勧めするチェックポイントは、人事考課制度について記述された規程の書きぶりばかりを精査するのではなく、実際にそのシステム自体に透明性があるか否かに注目することです。

すなわち、被考課者が自身の考課内容を知ることができるようになっていて、次のステップを見据え成長できるシステムなのか、また、被考課者が自身の考課内容について意見発信ができるようになっているか否かを、シビアにチェックするのです。

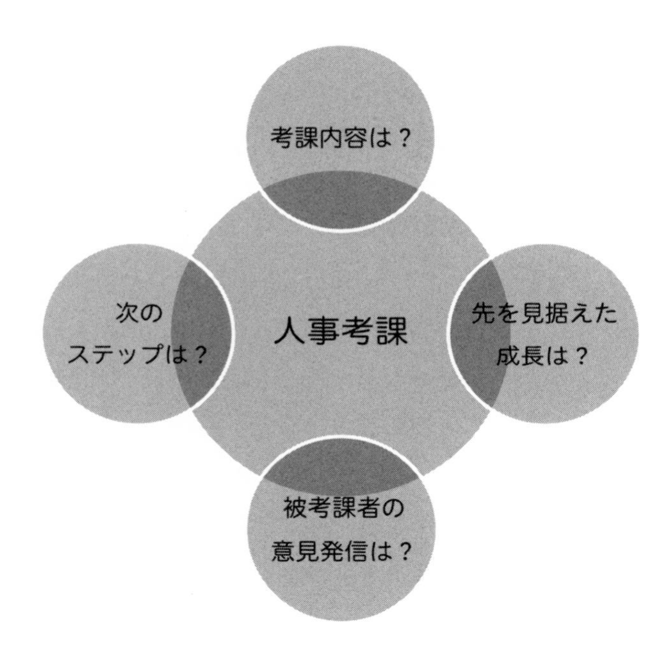

特に、人事考課制度を長い間見直していない、あるいはコロナ禍に入る以前から業績が芳しくないといった顧問先は、注意が必要でしょう。なぜなら、言うまでもないでしょうが、透明性が疑わしい人事考課制度のせいで人材の成長の場が乏しくなってしまっており、人的資源の活性化が進んでいないために業績が向上していない可能性があるからです。

このような顧問先は、前述したような適正分配や人材への投資といった意識が低いため、シビアに刷新を指導する必要があるでしょう。

適切な“物言い”を発信するのは、今しかないのかもしれません。是非、指導・支援を進展させてはいかがでしょうか。

（3）プロジェクトチームの立ち上げを支援する

最後は、冒頭のセリフにあるような、社員らによるプロジェクトチームの立ち上げを支援することも検討してみましょう。

特に、労働組合がない、あるいは機能していないという顧問先で、給与システムについて懸念される顧問先があれば、トップに対しての助言のみならず、社員らの声を掬い上げる側に回ることも視野に入れることで、効果が表れるかもしれません。

社員らの意見が通らない顧問先の特徴は、既にあなたもお気づきでしょうが、経営陣の口から社内で活躍している社員らの名前が出てこないことです。そのような顧問先は、軌道修正が必要な経営体制にもかかわらず、トップダウンを続けようとしている可能性が高いです。

もちろん、社員らに“戦ってもらう”といった意味ではなく、前述したような透明性のある人事考課制度や給与の適正分配について具体策を提案するといった建設的なプロジェクトとして、顧問として適切に支援しながら着実に実践させていくのです。

こうした的を射た組織への踏み込み方が、これからは求められるのです。

是非、あなたから一歩踏み出してみてください。

SCENE 10 POINT

- 透明性のある人事考課システムを着実に勧める＆進める！
- 適切な“組織への踏み込み”が肝要！

おわりに

皆さま、いよいよ最終ページです。ここまでお読みくださり、本当にありがとうございました。

特に経営者や経理担当者にとって、税理士先生や職員の方々は、身近な外部コンサルタントです。

本書はウィズコロナを主なテーマとして執筆いたしましたが、これを書いている今、社会情勢はウクライナ侵攻が続き、それらが影響したインフレ、高水準の円安など、混沌としています。

また、必ずや将来においても、未曾有の事態は生じるでしょう。

そのような中、身近な先生による本音でシビアなアドバイス・指導によって開眼する顧問先は、有望であり、サバイバーとなり得るのです。

一方で、先生のアドバイスにもかかわらず、旧弊にしがみつくような様が見え隠れしている顧問先は、かなり厳しい状況に置かれ、衰退するのに相応しいかもしれません。

人それぞれが、当事者としての使命を果たそうとする、前に進もうとする。こうしたシンプルな取り組みが、日本をよみがえらせるのではないでしょうか。

そう遠くない未来、本書があまりに“当たり前”な内容で、陳腐化されることを、心より祈念しています。

田村夕美子

著者紹介

田村　夕美子（たむら　ゆみこ）

ビジネス作家・心理カウンセラー・経理環境改善コンサルタント。

新潟県新潟市出身。建設、製造、美容、フードビジネスなど30年以上に渡り幅広い業種の企業道を歩む。一担当者から総括、管理職など様々な立場を経験。

現在は「NFP『風を贈る』」の代表として、セミナー講師や会計・財務・人事専門誌、女性誌などへの執筆を中心に活動している。各人の潜在能力を活性化させ、すぐに実践できるプログラムに定評がある。

主著に『できる経理の仕事のコツ』（日本実業出版社）などがあり、他に「顧問先のリアル事情」（ぎょうせい『旬刊速報税理』)、「財務パーソンが活きる！ヒト・モノ・カネが躍動する企業とは？」（NOCアウトソーシング＆コンサルティング）など、雑誌・オンラインでの連載多数。

著書

『できる経理の仕事のコツ』（日本実業出版社）

『３ステップで利益に貢献　経理スキルアップ術』〈冊子〉

（清文社）

『引継ぎの極意』〈冊子〉（清文社）

『経理の意識改革＝経営カイゼン』〈冊子〉（ブレーン）

『税理士のためのコミュニケーション術』（第一法規）

DVD

「関与先の経理合理化提案・指導ノウハウ大公開」（日本ビズアップ）

監修書

『はじめての経理　お仕事とマナー』（成美堂出版）

メディア掲載歴

「企業実務」、「建設業の経理」、「日経ウーマン」、「経理ウーマン」、「OL マニュアル」、「人事マネジメント」、「Steady.」、「日経レディ東京」、「新潟日報」、「月刊税理」、「速報税理」、「人事実務」、「企業と人材」、「Otona プラス」、「ダイヤモンド・オンライン」、「経理の薬」、「NOC アウトソーシング＆コンサルティング」など

講演実績

みずほ総合研究所、日本ビズアップ、プロネクサス、ブレーン、インスパイアコンサルティング、新潟商工会議所、TKC 東北会、山梨県北杜市雇用創造協議会、アルザにいがた、新潟市教育委員会、新潟県柏崎市教育委員会　ほか

サービス・インフォメーション

通話無料

①商品に関するご照会・お申込みのご依頼
TEL 0120(203)694/FAX 0120(302)640

②ご住所・ご名義等各種変更のご連絡
TEL 0120(203)696/FAX 0120(202)974

③請求・お支払いに関するご照会・ご要望
TEL 0120(203)695/FAX 0120(202)973

●フリーダイヤル(TEL)の受付時間は、土・日・祝日を除く9:00〜17:30です。

●FAXは24時間受け付けておりますので、あわせてご利用ください。

経理担当者の視点から！
顧問先の経営課題を引き出すコミュニケーション術
〜withコロナの変化の中で選ばれる税理士となるために〜

2023年2月10日　初版発行

著　者　田 村 夕 美 子

発行者　田　中　英　弥

発行所　第一法規株式会社
〒107-8560　東京都港区南青山2-11-17
ホームページ　https://www.daiichihoki.co.jp/

税コミュ変化　ISBN 978-4-474-07957-1 C2034 (4)